싱그러운 슬픔 안에서

소운

목 차

09
PART 1 THE SUMMER

내 사랑 내 곁에	10
빳빳한 만 원	12
은하수만 덩그러니 남아	16
여름섬	18
비슷한 하루들이 모이면 일상이 돼	20
하루가 초 단위로 흐른다면	24
우리는 선처럼 가만히 누워를 즐겨 듣고	26
별은 계속 떠오르고 나는 눈을 떠	28
맡을 수 있는 마음	30
덕수궁 그리고	32
내 마음이 너를 부를 때	38
소운1	42
다 원해	44
흰 나비	46
우리는 여전히 소중해	50
노을처럼 묵묵히 다정한 것들	52

THE SUMMER

잠시섬에서 잠시 머무르다	56
소운2	58
내가 받은 마음 돌려주고 싶어요	60
마리와 무화과	64
너를 보면 너를 닮고	68
안녕, 다은	72
시소	76
좋아할수록 멀리 있고 싶어	78
그렇게 서로 오래 쳐다봤어	80
닮고 싶었어요	82
체리, 복숭아, 딸기	84
너는 내가 오래 오래 오래 기다린 우주	88
작은 조각들로 호수를 가득 채우면	90
사이좋게 다니렴	94
다음은 있어	96

PART 2 THE WINTER

어쩌면 가끔 아빠를 보러 올지도 모르겠어	104
가만히 두기	110
은미	114
아무것도, 아무도	120
한낮의 그림자	124
푸르고 싶어서	128
노을	131
네 눈은 우주처럼 깊어	132
찰나일 줄 알았는데	134
무채색의 혼잣말	138
스러진 정원	141
내가 놓친 네 서른셋은 어땠어?	142
미완성으로 남은	144
쌀 한 톨만큼도	146
시골 여자, 강남 여자	150
꿈이었나, 네가 피고 지던 그날	152
모든 마음을 접었었는데	154

나는 여전히 네 얼굴이 선명해	156
새소리가 났었는데	158
숲에서는 아무도 숨지 않아	162
옥수수	164
이십 년 전 그 동네는 여전하고	166
필립	174
차갑고 무심한 말들 앞에서 나만큼은	178
아무것도 안 하면서	182
갖고 싶었던 행복을 그곳에	184
소멸 앞에서	186
너는 사랑이었나	188
덜 사랑하는 게 아닌데	192
남아 있는 타인의 취향을 지우는 일	196
목이 메는 밤에는 오래된 일기를 본다	198
조용한 위로는 날 눈감게 하고	200
마음의 한적함 속에서 헤엄치기	202
꿋꿋하고 꼿꼿하게	206

○ ○ ○

책을 떠나보내며: 싱그러운 슬픔 안에서	210
수연	217

PART 1

·

THE SUMMER

더 이상 아무것도 떠오르지 않는 오후면 가만히 눈을 감는다. 내 마음의 뜨락에는 헤집어 본 기억이 널려 있고…. 끝없이 피고 지는 사랑에 기대어 본다. 나는 흘러내리는 마음을 찾아 헤매다 어렴풋이 잠에 든다.

내 사랑 내 곁에

주머니가 좋아졌다. 갈 곳 없는 두 손을 주머니에 넣고 걸으면 한동안 안정감을 느꼈다. 사람이 쏟아지는 거리에서는 주머니에 머리를 박고 숨고 싶을 때도 있었다. 오늘이 그랬다. 헝클어진 마음은 얽힐 대로 얽혀 있고 입안이 자꾸 말랐다. 온갖 기분을 안고 집에 오니 강아지가 나를 반겨 주었다. 고작 두 시간 집을 비웠을 뿐인데도 나를 향해 달려온다. 그래, 너는 내가 만질 수 있는 행복이었지.

THE SUMMER

고마워.

나 반겨 줘서 고마워.

내가 뭐라고.

꽉 채운 주머니 안으로 손을 넣어 감기 걸린 마음을 하나씩 꺼낸다. 베개만 한 몸으로 이런 간절한 사랑 줄 거면, 너 무지 오래 살아야 해. 냄새로 내 발자국을 세어 보는 작은 몸을 끌어안고 한참을 울었다.

구멍 난 마음은 이렇게 또 채워진다.

빳빳한 만 원

 주문한 책을 받는 날이었다. 택배로 보내기엔 양이 많아 인쇄소에서 다마스 배송비용을 지급하고 책을 보내기로 했다.

 문제가 생겼다. 우리 집은 엘리베이터가 없는 3층이다. 기사님에게 전화했다. 출발 전에 전달받지 못했고 아픈 허리 때문에 올려줄 수 없다고 하셨다. 우선 인쇄소랑 얘기해서 해 주실 수 있는 만큼만 해 주시고 정 안 되겠으면 1층에 놔 달라고 부탁드렸다. 아무리 생각해도 마음에 걸려서 다시 전화했다.

THE SUMMER

　인쇄소에는 3층까지 올려 주셨다고 할 테니 두고 가시라고 했다. 주변 사람들에게 부탁해서라도 알아서 옮기겠다고. 그러자 기사님께서는 혼자서 못 할 거라며 인쇄소에서 돈 더 주기로 했으니 괜찮다고 하셨다.
　30분쯤 지났을까.
　"방금 다 올려놨어요. 강아지가 엄청나게 짖네."
　"낮부터 힘든 일 하시게 해서 마음이 무거워요. 죄송해요."
　"집 계단을 둘러보니 참 열심히 사나 봐요. 나는 딸이 둘 있는데 둘 다 어릴 때 학교에서 따돌림을 당했었어요. ㄱ 이후로 공황장애가 생겼습니다. 한 명은 마흔이 넘었고 한 명은 서른이 다 돼 가는데도 둘 다 집에만 있어요."
　기사님은 담담한 목소리로 계속 말했다. 딸들이 아무것도 못 하고 집에만 있어서 이렇게 열심히 사는 사람들 보면 참 예뻐 보인다고. 어떻게 책을 낼 생각을 했냐는 물음에 저 또한 한동안 집에만 있었고 털어놓을 곳이 필요해서 책을 썼다고 했다. 다행히 잘 풀려서 이만큼이나 많이 주문한 거라고.

책에 대해 궁금해하셔서 약소하지만 책 한 권 보내 드리겠다고 했다. 극구 사양하시면서 배송한 상자 안에 만원 넣어 두고 갈 테니 한 권만 가져가겠다고 하셨다. 오늘 이렇게 좋은 책을 배달하게 해 줘서 고맙다는 말씀도 덧붙이셨다.

집에 도착하니 상자 사이에 만 원짜리 한 장이 꽂혀 있었다. 빳빳한 새 만 원. 만 원을 접고 또 접어서 지갑 안에 넣었다. 무거워서 잘 들고 다니지 않던 지갑을 매일 가지고 다니게 되었다. 반갑지 않은 감정이 나를 방해할 때 늘 꺼내 보려고. 가까이에 두려고.

THE SUMMER

은하수만 덩그러니 남아

 땀을 뻘뻘 흘리면서 네가 걸어온다. 나는 왜 이렇게 늦었냐는 말과 함께 네 손을 잡고 그늘로 이끈다. 너는 바보같이 웃으며 길을 헤맸다고 한다. 머리카락이 흠뻑 젖은 네 뒷모습을 바라본다. 그제야 선선한 바람이 분다. 엊그제 불어온 습한 마음을 앗아 가는 달콤한 바람. 꽃을 사 주고 싶었다고 말한다. 꽃집을 찾으려고 저 신촌 골목 끝까지 뛰어갔다 왔다면서 웃는다. 떨어진 나뭇잎이 아직도 푸르러서 주워 왔다고 내민

THE SUMMER

다.

다시 피어나는 나무처럼 너에게도 좋은 친구가 다시 올 거야.

내 등에 닿은 네 손을 상상한다. 꽃다발이 없는 내 손도 바라본다. 이 순간이 늘 떠오를 거라고 말한다.

너로 인해 따뜻했던 여름은 자꾸 튀어나온다. 여름에 울려 퍼지는 캐롤 앞에서. 누구를 원망하는 마음 앞에서. 감당할 수 없는 희망 앞에서도.

여름섬

 마음을 가까이 꺼내어 놓고 싶은 사람들과 계속 대화하고 싶다가도 가끔은 지구에서 멀리 떨어진 섬처럼 고독해지고 싶은 순간이 있다. 그 시간은 나를 자주 찾아온다. 반갑지 않다. 사람들의 얘기를 듣다 보면 내게 없는 것들에 대해 계속 곱씹게 된다. 나를 난도질한다. 질투와 결핍에서 오는 못된 열등감은 내가 손 쓸 수 없을 정도로 더욱 견고해진다. 흔들림을 솔직하게 인정하고 받아들이지 못하는 한심한 어른이 되었다.

집으로 돌아오는 길에는 더 나아지고 싶은 나를 달랜다. 이제는 도망가지 않는다. 부서진 내면의 조각들을 자연스레 해소하는 방법을 알고 있다. 손가락으로 그린 선을 어기지 않는 게 중요하다고, 고심하는 방향을 잊지 말자고 속삭이는 동안에는 나를 둘러싼 모든 게 조용해진다. 아주 형편없는 어른은 아니라고 토닥인다. 그렇게 쌓아 올린 울타리는 나를 방해하는 요소들을 철저하게 막아 준다.

나는 나만 위로할 수 있다.

비슷한 하루들이 모이면 일상이 돼

글을 쓰면서 오래된 먼지를 털어냈다. 아무것도 남지 않았다고 여겼는데 사람들이 연이어 다정한 말로 그 자리를 채워 준다. 너만 힘드냐고 다들 그러고 산다고만 했는데. 이제는 이런 마음을 가지고 얼마나 힘들었냐고 한다. 말하기도 전에 내 마음을 알아준다.

『여름으로 지어진 곳』을 낭독하던 도중 맞은편에 앉은 작가님께서 눈물을 흘리셔서 나도 같이 울컥했다. 코를 훌쩍거리며

겨우 마무리했다. 고마웠다. 나도 누군가의 얘기에 그렇게 마음을 다해 공감해 줄 수 있을까….

『다정한 건 오래 머무르고』 때와는 사뭇 다르게 다가온다. 올라오는 서평을 보며 길에서, 지하철 안에서, 식당에서, 친구 옆에서 자주 울었다. 나조차도 모르게 꼭꼭 숨겨 놔서 발견하지 못한 의미를 찾아 준 문장과 은희에게 건네는 응원을 보며 위로받았다. 오늘도 그랬다. 꾹꾹 눌러 담은 출판 축하 메시지를 읽고 또 읽으며 집에 왔다.

늘 다른 사람들의 말에서 내 존재의 가치를 찾으려고 노력했었는데 책을 내고 나서부터는 오직 나의 언어만으로 나를 완성하고 있다. 지나가는 인연은 나와 목적지가 달라서 달리는 버스에서 내렸을 뿐이다. 지금 우리는 같은 버스를 타고 있고 언제까지 함께 달리게 될지는 아무도 모른다. 그저 이 순간을 예찬하고 우리의 창작을 응원하는 것만으로도 충분하다.

    이제는 단단한 슬픔이 두렵지 않다. 그 무엇도.

THE SUMMER

하루가 초 단위로 흐른다면

곧 출발하오니 안전한 객실 내에서 잠시만 기다려 주시길 바랍니다.

급행이 있는 노선 지역에 살고 있다. 일반 열차를 보내는 역에서 지하철을 타면 이틀에 한 번은 꼭 듣는 말. 언젠가부터 이 말이 귀에 들어오기 시작했다. 안전하다. 나는 안전한가? 안전한가 보다. 그렇다면 마음이 놓인다.

THE SUMMER

대한민국 국민인 이 여권 소지인이 아무 지장 없이 통행할 수 있도록 하여 주시고 필요한 모든 편의 및 보호를 베풀어 주실 것을 관계자 여러분께 요청합니다.

여권에 적힌 문장도 자주 본다. 한국으로 돌아오는 비행기 안에서 여권에 적힌 문장을 계속 읽었다. 내 미래는 모호하지만 나는 여전히 소중한 사람이라고 되뇌려고. 존엄성을 가진 사람. 언제든 돌아올 든든한 나라가 있는 사람. 가끔 존재가 희미해진다고 느껴질 때 여권을 꺼내 본다.

한 끼를 제대로 챙겨 먹은 것처럼 속이 든든해진다.

우리는 선처럼 가만히 누워를 즐겨 듣고

어제 오랜만에 수진 언니를 만났다. 마지막으로 본 게 6년 전이었나. 십몇 년의 시간이 주마등처럼 스쳐 지나갔다. 언니의 노래를 자주 들려주던 소현이와의 어스름한 새벽들.

무슨 말을 해야 할까. 내 차례다. 언니가 나를 보며 웃었다. 품 안에서 꺼낸 내 책을 건네며 선물이라고 말했다. 1년이 겨울인 곳에서 오래 살았다고 말했다. 20대를 떠올려보면 온통 시린 겨울이 전부인데 그 시간 속

THE SUMMER

에서 언니의 노래를 들을 때면 내 눈앞에 온 사계절이 다 보였다. 늘 고마웠다고 정말 좋아한다고 했다. 좋아하는 만큼 '정말'이라는 단어를 언니의 손에 쥐어 주었다.

고맙다는 말은 얼마만큼의 마음을 품고 있는 걸까…. 정말 좋다는 말보다 더 큰 말이 있었으면 좋겠다고 생각했다.

언젠가부터 행복해지라는 말이 누군가에겐 부담이 될 수도 있다는 걸 깨달았다고 말했다. 언니가 꼭 행복하지 않아도 되는데 그래도 행복했으면 좋겠다고 하면서 울먹거렸다.

오늘에는 어떤 수식어를 붙여야 할까. 좋아하는 사람의 발자국을 따라 걷다 보면 우리는 점점 가까워진다. 함께 책을 쓰는 사람이 되어서 꿈결 같다고 말하던 그 순간은 영영 사라지지 않는다. 꿈은 일상이 되었다. 늘 그래왔듯이 곁에서 오래 바라보고 싶다.

별은 계속 떠오르고 나는 눈을 떠

오늘 제일 진심으로 말했던 건 미래였다. 한 친구가 최근에 열었던 전시회에 참여하게 된 게 내 한마디 덕분이었다고 했다.

"너는 매번 다른 사람들한테 북돋아 주는 얘기해서 아마 기억하지 못할 거야. 올해 계획한 것을 이루지 못해서 실패만 남았다고 했거든. 근데 네가 실패한 걸 전시하라고 말했어. 그래서 실패한 걸 전시했더니 사람들이 좋아해 주더라. 다 네 덕분이야."

THE SUMMER

　잊지 않기 위해 친구의 말을 계속 주워 담았다. 어떤 세상을 곁에 두느냐에 따라 인생의 모양이 달라진다고 믿는다. 지금보다 나아지려고 노력하는 사람들을 만나면서 내 삶이 윤택해지고 있다. 많은 사람의 세상을 엿볼 기회를 얻고 나니 삶에 욕심이 생긴다. 다음을 기대하게 된다. 나도 열심히 발전하고 싶다. 더 깊이 있게 사색하는 번듯한 어른. 끝없이 고뇌하고 창작하는 사람. 하루하루가 즐겁고 신기했던 한 해를 뒤로하고 더 큰 세상으로 걸어가 보고 싶다.

　아무리 비워 내도 차오르는 슬픔을 가득 안고도 마음이 벅찬 사람이 될 수 있다는 게 큰 위로가 된다. 어쩔 수 없이 내일을 마주하는 게 아닌 것만으로도 특별한 사람이 된 거 같다.

　살고 싶다. 살아 내고 싶다.

맡을 수 있는 마음

 우리 집에는 마당이 있다. 선선한 여름날이면 가끔 돗자리를 펴고 강아지와 누워 하늘을 바라본다. 나는 그늘진 구석을 좋아하고 솜이는 햇빛이 내리비치는 곳을 좋아한다. 한참 구름을 따라 눈을 움직인다. 돗자리가 뜨뜻해질 때까지 누워 있다 보면 솜이가 내 몸에 궁둥이를 붙이고 앉는다. 나는 조용히 등을 쓰다듬는다. 숨결에 따라 솜털이 아래위로 움직인다. 볕이 든다. 작고 동그란 이마에 입을 맞춘다.

THE SUMMER

네 몸에서 햇볕 냄새가 나.

구수하고 포근한 여름 볕 냄새. 너는 내가 맡을 수 있는 마음이구나. 그림자가 길어지고 자주 슬퍼져도 언제나 네 옆에 있을게. 그러니까 이 달푼한 여름 하늘 아래에서 나를 오래도록 바라봐 줄래. 뜨겁고 서늘한 공기 속에서 또 한 번 고백한다. 녹음이 짙다.

덕수궁 그리고

 지혜가 갑자기 금요일에 만나자는 연락을 해 왔다. 사색과 독서를 즐기자며 덕수궁 근처 공간으로 초대했다. 최근 약속 시각보다 두 시간 일찍 나가는 연습을 시작했다. 약속은 1시간 거리인 장소에서 2시였고 넉넉하게 12시에 집을 나섰다. 시청에 내렸다고 문자를 보냈더니 전화가 왔다. 예약은 세 시인데 한 시간 반이나 일찍 온 것이다. 바리바리 싸 온 열쇠고리의 상세 이미지를 찍어야겠다는 생각에 차라리 잘되었다 싶었다.

게다가 지금은 가을이고 시청역에는 내가 서울에서 제일 사랑하는 덕수궁이 있다. 서울로 전학을 온 이후에 틈만 나면 덕수궁에 왔다. 좋아했던 소설의 주인공들이 덕수궁에 놀러 왔다가 경비를 피해 숨어 있던 장면 때문일까. 아니면 우거진 나무 뒤에서 펑펑 울어도 아무도 내게 관심이 없기 때문일까.

어릴 때부터 광화문 근처에서 일하는 게 꿈이었고 실제로도 그 꿈을 이뤘다. 그때는 점심시간만 되면 밥을 굶고 덕수궁에 왔다. 남자를 만날 때도 꼭 한 번은 데려왔다. 가을의 덕수궁은 내 것이 아닌데도 보여 주기 아까웠다.

어떤 날은 오늘 아침처럼 기억이 생생하다. 아무 말 없이 앉아서 석조전을 바라보다가 또 눈물이 났다. 그동안 여기 앉아

서운 기억밖에 없는데 오늘은 마음이 따뜻해서 좋다고 했더니 그 애가 나를 가만히 쳐다봤다. 우리는 한동안 아무 말도 하지 않았다. 그 눈빛은 아직도 남아 있다.

    열쇠고리 사진을 찍으려고 나뭇잎을 줍고 있는데 짐이 한가득한 중년 여성분이 내게 시간을 물으셨다. 곧 기차를 타야 하는데 배터리가 없다고 해서 아침에 챙긴 보조배터리를 꺼냈다. 옆에 잠시 앉아 있어도 괜찮겠냐고 묻곤 한참을 앉아 있었다. 요리조리 열쇠고리 사진을 찍는 내게 만든 거냐고 하길래 책을 파는데 돈을 잘 벌지 못해서 팔아 보려고 만들었다고 했다. 낯선 사람 앞에서 스스럼없이 내 얘기를 하는 건 꽤 익숙한 일인데도 어쩐지 어색했다. 덕수궁에서 나를 모르는 사람과 대화해 본 것이 처음이라서 그랬나. 주절주절 책을 쓰게 된

THE SUMMER

애기부터 시작해서 두 번째 책이 나왔다는 것까지 다 얘기했다. 그분이 한 권 달라고 하길래 책이 있긴 한데 오늘 만날 친구에게 줄 책이라 사인이 돼 있다고 했다. 책 구경만 시켜 달라고 해서 비닐 포장을 뜯어서 건넸다. 한참을 보더니 교보문고에 가서 사겠다고 하셨다.

"저처럼 독립출판하는 사람들은 비용 때문에 매장 매대에 책을 두지 못해요. 아까 나서면서 교보문고 온라인 물류센터에 보낼 책을 택배로 접수하고 왔는데 실수로 한 권 더 챙길 걸 그랬네요."

아쉬움에 명함을 건넸다. 아침에 명함을 챙기길 잘했다고 생각했다. 어디에서 왔는지 물었더니 석조전에서 하는 미술전을 오래도록 기다렸고 대전에서 출발해 아침 10시에 도착했다고 했다.

대전.

다시는 가고 싶지 않은 도시. 퇴사한 전 회사의 본사가 있는 도시다. 처음에는 빵 사는 게 좋아서 출장만 잡히면 좋아했었는데 이제는 전 회사가 끔찍해서 성심당도 그립지 않다고 했다. 갑자기 봉투를 뒤적거리시더니 명란 바게트와 귤 두 개를 내 손에 쥐여 주셨다. 입안에 빵을 가득 넣고 수다를 떨다 보니 기차 시간이 다가왔고 나도 지혜를 만나러 가야 했다.

오늘 약속 시각을 착각하지 않았더라면. 평소처럼 지각했었더라면. 어젯밤에 지혜에게 보여 줄 열쇠고리를 미리 챙기지 않았더라면. 오후 네 시에 배달 예정이었던 두 번째 책이 이른 아침에 오지 않았더라면. 아침에 가방에 있던 보조배터리를 뺐더라면. 그분이 내게 묻지 않았더라면….

오늘 하루는 또 다르게 쓰였을 수도 있

THE SUMMER

다. 그러나 이 많은 우연이 만들어 준 작은 곁가지들이 자라나 내게 또 다른 덕수궁에서의 소중한 기억을 선사해 주었다.

모든 외로움을 토해 냈던 지난 날도. 꾹꾹 참아 내던 내 옆모습에 머물렀던 그 애의 시선도. 미래 걱정에 배고픔도 잊은 채 하염없이 거닐었던 점심시간도. 지안 씨가 석조전을 배경으로 찍어 준 내 첫 책 사진도. 그리고 절반만 남은 성심당의 명란 바게트와 귤 두 개는 이곳 덕수궁에 고스란히 남아 있다.

내 마음이 너를 부를 때

무더운 여름날, 진의 집에 놀러 갔다. 문이 열리자 노란색 고양이 판식이가 천천히 다가와 내 다리를 감쌌다. 판식이는 마치 오랜 친구처럼 자연스럽게 나를 맞이했다.

진은 고양이인 판식이를 향해 다양한 애칭으로 다정하게 불렀다.

아가야,

예쁜아,

아기 강아지야,

고양이에게 강아지야, 라니. 신기하게

도 판식이는 그 모든 이름을 알아듣는 듯 야옹, 하고 대답했다. 그 장면이 어찌나 자연스러운지 마치 내가 두 친구의 대화를 엿듣고 있는 것만 같았다.

이틀 동안 진과 판식이를 지켜보니 그들 사이에는 말로 설명할 수 없는 깊은 유대감이 있었다. 진이 판식이를 어떻게 부르든, 그 안에 담긴 사랑과 애정을 판식이가 분명히 느끼고 있었다. 그 모습을 보며 나도 자연스럽게 우리 집 강아지 솜이가 떠올랐다. 진처럼 나도 솜이에게 더 자주 예쁜 말을 건네고 싶어졌다. 집에 돌아오자마자 나는 솜이를 꼭 안고 새로운 이름들을 불러보았다.

사랑둥이야,

햇살아,

밤하늘아,

솜이가 처음에는 무슨 일인가 싶은 듯

나를 올려다보며 고개를 갸웃거렸다. 시간이 흐를수록 내가 부를 때마다 나를 바라보는 솜이의 눈빛이 조금씩 달라졌다. 마치 그 단어들이 자신을 위한 것임을 알아챈 것 같았다. 내게 말은 하지 않지만, 그 눈빛 속에 담긴 온기를 느낄 수 있었다. 모든 예쁜 단어가 너를 향하고 있다는 걸 네가 알까. 순간마다 내가 부르는 이름들은 단순한 말이 아니라 우리 사이를 잇는 무언가가 되고 있음을 깨달았다. 매일같이 솜이에게 반짝이는 이름을 한가득 안겨 주고 싶다.

    네가 우연히 듣는 세상의 모든 단어를 내가 너를 사랑한다는 말로 알아들었으면 좋겠어.

THE SUMMER

소운1

　호기심에 '소운'을 검색해 봤더니 소운문예연구소가 있었다. 이름 뜻이 궁금해서 전화를 걸었다. 예상치 못한 질문을 받은 사람의 목소리였다. 그도 그럴 것이 회사 이름의 뜻을 궁금해하는 사람은 극히 드무니까 당연하다고 생각했다. 이름을 말하고 전화하게 된 이유를 말했다. 검색하다가 우연히 발견하게 되었고 뜻이 궁금해서 전화했다고. 이름 뜻이 따로 있는지 물었더니 작은 구름이라는 답이 돌아왔다.

THE SUMMER

　소운이라는 이름을 쓰게 되었다고 말했더니 옅은 웃음과 함께 다정한 목소리가 들려왔다.

　"계속 습작하시다 보면 분량도 쌓이고 궁금한 게 많으실 거예요. 열심히 쓰시다가 피드백 받고 싶다거나 상의하고 싶은 거 있으면 언제든지 연락해 주세요. 지금은 나이가 좀 있는데 저도 고등학교 때부터 소운이란 이름을 쓰고 있어요. 인연이 깊네요. 반갑습니다. 소운이란 이름을 발견하면 반가움으로 댓글 달게요."

　앞으로 작은 구름이라고 말하고 다녀야겠다. 소운 님처럼 오래도록 글을 쓰고 싶어진다.

다 원해

기다릴게. 낮잠 안 자고 기다릴게. 애매한 시간에 오겠다는 글에 기다리겠다고 답글을 달았다.

기다리는 것.

조금은 슬픈 말 같이 느껴진다. 네가 어느 시간에 오든 나는 우두커니 기다리겠다는 말. 내 모든 시간을 너에게 내어 주는 것. 닿을 수 없는 너에게 내가 해 줄 수 있는 최선이야.

THE SUMMER

성실하게 사는 너를 보며 닮고 싶다고 욕심내는 것. 네 뒷모습을 보면서 지금보다 나은 사람이 되겠다고 다짐했다. 사랑할수록 사랑받는 기분이 든다.

네가 내 행복을 바라는 만큼 나도 너의 행복을 빌게.

흰 나비

나를 향해 달려온다.

늘 환한 웃음. 나 오늘 언니 만나서 더없이 행복해. 바스러지게 끌어안아 주는 두 손. 강한 빛을 한참 바라본 뒤에 눈을 감아도 그 빛의 잔상이 남아 있는 것처럼 저 밝은 미소는 참 오래간다.

"밥 먹었어?"

오후 다섯 시 반인데 한 끼도 안 먹었단다. 한 달 넘게 잘 챙겨 먹지 못했다고 했다. 길 건너편에 만둣집이 보였다. 날이 부

THE SUMMER

쩍 추워진 탓에 흘러나오는 연기가 더욱 눈길을 끌었다. 저 만두라도 손에 들려서 보내야겠다 싶었다. 또 내가 해 줄 수 있는 게 뭐가 있을까.

다음 날 아침에 집을 나서면서 반찬 통 몇 개를 챙겨서 나왔다. 모임이 끝나고 그 손을 잡고 망원시장으로 갔다. 한동안 먹을 반찬을 담아서 가져갈 수 있게 반찬 통을 가져왔다고 말했다. 다 먹으면 돌려 달라고. 그러면 또 그거 들고 망원시장에 오자고.

연근조림, 진미채, 달걀 장조림, 잡채 그리고 매운 콩나물무침을 샀다 5팩에 2만 5천 원이다. 내 책 두 권 값. 하나도 아깝지 않았다. 반찬을 양손에 들고 망원시장에서 나와 버스를 기다리려고 섰다.

사람 많은 사거리에서 우리는 이름 없는 마음을 나눈다. 고맙다는 말은 부서지지 않고 양손에 고스란히 내려앉는다.

"이건 고마워할 필요도 없고 미안해할 일도 아니야. 그동안 네가 나를 만날 때마다 만나서 행복하다고 표현해 준 그 따뜻한 마음들 그대로 돌려주는 거야. 너도 다른 사람이 힘들 때 똑같이 나눠 주면 돼."

들썩이는 어깨 아래로 사라지지 않는 마음을 넘겨 준다.

"나는 이제야 내일이 기다려지기 시작했어. 그러니까 나랑 같이 내일을 기대해 보자…. 외롭거나 우울하면 언제든지 전화해. 늦은 밤이라도 달려올게."

느리게 쌓아 온 그을림이 모두 엷어지고 있었다. 씩씩하게 같이 울었다.

THE SUMMER

우리는 여전히 소중해

'우리는 소중해' 모임을 연 지 꽤 오래되었다. 여럿이서 모여 내가 왜 소중한지에 대해서 고심하는 시간. 대단하지 않아도 되고 이유가 없어도 된다. 1분 명상 후에 모은 상념들을 책상 위에 하나씩 꺼내 놓는다. 눈앞에 놓인 작은 종이와 색연필로 오늘의 이유를 그린다. 그림을 그리면서 추상적인 이유를 형상화하기 위해서다. 오래 남기기 위해. 꼭 그림책으로 내고 싶다.

다음은 최근에 했던 회차에서 나온 말

이다.

'이 포근한 느낌은 어디에서 오는 걸까? 이유는 모르겠지만 지금 포근해. 이 사람들 때문인지 지금 이 카페가 예뻐서 그런 건지 나와 함께 마주 보고 앉아 있는 이 사람들 때문인지. 이걸 곰곰이 생각하고 있는 나 때문일 수도 있을까?'

'매일 속에 우울을 한가득 담고 산다. 명상을 하는 이 순간 갑작스레 찾아온 반가운 소중함이 좋다. 오늘 이곳에 오길 잘했다.'

'많은 일을 하면서 사는데 막상 정리하니 하나로 표현하기가 어렵다. 내가 소중한 이유에는 아주 작은 이름이라도 붙이면 되는구나. 간단하네, 이 사소한 이유여도 나 자신이 소중하다고 여겨지네.'

나는 소중해. 너도 소중해. 우리는 소중해. 처음 본 사람들과 우리는 소중하다고 끊임없이 속삭이다가 헤어진 11월이었다.

노을처럼 묵묵히 다정한 것들

 내가 미국에 있을 때부터 알고 지냈으니 우리 벌써 십년지기 친구가 되었네요. 시간이 이렇게나 쌓였는데도 나는 아직도 지안 씨의 생김새를 몰라요. 웃기죠? 그런데도 이렇게 오랜 친구가 될 수 있다는 게.
 돌이켜 보면 끝나지 않는 깜깜한 밤을 살아 냈던 건 모두 지안 씨와 다른 사람들 덕분이었어요. 그러다 삶이 점점 좁아져 다른 사람들의 일상을 못 견디는 사람이 되었어요.

THE SUMMER

어느 가을이었나요. 문득 지안 씨의 일상이 궁금해져 들어가 봤더니 우리를 웃게 해 주던 만두가 떠났더군요. 위로의 말을 해 주고 싶었는데 이미 여러 계절이 흘러 있었고 무탈한 하루를 보내고 있는 지안 씨에게 먹먹함을 주게 될까 싶어 말을 삼켰습니다. 저도 가끔 만두를 생각했어요. 심드렁한 표정이 귀엽고 사랑스러웠잖아요.

추운 곳에 갇혀 있던 나는 그 당시에 지안 씨가 보여 준 세상에서 함께 여행했어요. 그래서 더 가깝게 느껴지는 걸까요.

첫 책을 내고 사람들에게 책을 구매해 달라고 대놓고 말하는 것이 어렵고 망설여졌을 때 지안 씨는 한걸음에 달려와 제일 먼저 품어 주었어요. 얼마나 고마웠는지 몰라요. 내가 책을 낼 때마다 그 어떤 의심도 없이 안아 줘서 고맙습니다. 석조전 앞에서 담아 준 책 사진도요.

생각해 보면요. 이것도 사랑 같아요. 광활한 온라인 세계에서 광주에 사는 지안 씨와 미국에 있던 내가 우연히 만난 것과 한 번도 얼굴을 마주하지 않았다는 것. 그 자체만으로도 낭만적이지 않나요? 이제는 가끔 만나서 차 한잔 나누고 싶어요. 지안 씨를 보러 광주에 갈래요. 그때까지 잘 지내요.

THE SUMMER

잠시섬에서 잠시 머무르다

정윤에게 줄 선물을 사러 딸기 책방에 왔다. 문을 열자마자 솜이와 똑같이 생기고, 비슷한 사연을 가진 강아지를 만났다. 최근에 함께 살던 다른 강아지가 떠나면서 깊어진 우울함을 달래 주려고 매일 책방에 데리고 온다고 했다. 이전에 파양을 당한 경험으로 인해 사람을 무서워하고 자주 짖길래 안심하고 편안하게 지낼 수 있도록 책방에 커튼을 설치했다고 했다.

말이 많고 겁도 많은 강아지. 똑같은 상

처가 있는 강아지들. 그리고 그 앞에 서 있는 나.

상처를 품고 있는 동물을 마주할 때면 어쩐지 주눅이 든다. 너도 도와주고 싶고 그 옆의 너도 도와주고 싶어. 그러려면 내가 더 대단한 사람이 되어야 하는데 아직 이 정도밖에 안 되는 사람이라서 미안해.

풀어진 감정의 매듭을 옭아매며 책장을 훑었다. 어둡고 밝은 그림책을 찾았다. 눈물 조각. 정윤과 내가 건조했던 기간을 함께 헤쳐 걸어 온 시간과 닮은 책이다. 넘쳐났던 눈물을 뒤로하고 나는 어떤 조각을 찾으러 강화에 왔을까. 이곳 강화는 정적이면서 활기차다. 그래서 더없이 들여다보고 싶다.

소운2

오늘 소운문예연구소에 다시 전화했다. 작년 이맘때쯤 소운의 뜻을 물어봤었는데 혹시 기억하시냐고 했더니 다정하고 반가운 목소리로 당연히 기억한다고 하셨다.

그때는 글을 쓰려고 준비하던 중이었는데 올해 운이 좋게 다른 프로젝트에도 참여하고 책도 두 권이나 냈다고 말했다. 첫 번째 책 냈을 때 바로 연락하고 싶었지만 글에 대한 의심이 많았던 터라 확신이 없었다고. 이후에 다른 작품에 여러 번 참여하고

THE SUMMER

 두 번째 책을 내고 나니까 소운 님께 연락할 자신이 조금은 생겼다고 했다.

 "제가 더 영광이에요. 기억하고 전화 주신 마음 고마워요. 기다려지네요! 반가운 소식 듣고 저도 오늘 기운 내겠습니다. 또 연락해 주세요!"

 고마움을 전하려고 했는데 되레 내가 더 큰 마음을 받아 버렸다. 가끔 아무것도 쓰고 싶지 않을 때마다 이날을 떠올린다.

내가 받은 마음 돌려주고 싶어요

 차를 타고 오래 달렸다. 시골, 마음이 잠잠해지는 곳. 계절이 담긴 밥상이 그리워지던 참에 마침 강화에서 오래 지낸 분의 집에서 밥을 먹기로 했다. 우리는 분주하게 상을 차리고 밥상 앞에 앉았다.
 잊힌 시골에서, 내 할머니의 손길이 닿았던 똑같은 반찬들이 눈앞에 놓여 있었다. 나박나물, 고구마줄기 무침, 취나물, 가지볶음…. 나물 향이 방 안에 가득 차서 조금만 고개를 돌려도 지난날들이 냄새에 실려 생생하게 떠올랐다. 나는 그저 밥그릇에 코를 박고 묵묵히 먹기만 했다.

식사가 끝나고 곧장 집에 갈 줄 알았는데, 집주인 분이 한 사람씩 얼굴을 바라보며 이곳에 왜 왔냐고 물었다. 어느새 바닥엔 구겨진 휴지들이 모여 있었다. 내 차례는 가장 마지막이었다. 나물을 먹고 싶어서 왔다고 대답하려 했지만, 그 진득한 눈빛을 마주하자 꾹꾹 눌러 담았던 것이 터져 나왔다. 울고 싶지 않았는데. 이곳에서 마음 같은 건 털어놓고 싶지 않았는데. 그저 맛있게 밥만 먹고 돌아가고 싶었을 뿐인데. 왜 자꾸만 나를 그윽하게 바라보는지… 나는 정말 울고 싶지 않았다.

올해 들어 한순간도 밤에 잠을 자 본 적이 없었다. 나는 이제 밤에 잠들지 못하는 사람이 되었나 싶었다. 그런데 이튿날에는 모든 사람들 중에서 내가 제일 먼저 잠들었다. 사람에게 받은 상처 때문에 한동안 동물에게만 의지하며 살았다고 말했다. 내일 없이 웃다가도 이 사람들을 조금 더 일찍 만났더라면 그렇게 오래 주저앉아 있진 않았을 거라는 생각이 불쑥 들었다. 목소리가 쉼 없이 흔들려 내가 무슨 말을 하고 있는지조차 몰랐다. 그래도 끝까지 말하고 싶었다. 내 마음을 이 사람들에게 전하고 싶었다. 강화에서 보낸 시간이 정말 좋았다고…. 고마웠다고. 아릿해진 마음은 또 다른 마음으로 그 결핍을 채우면 된다는 걸 알게 되었다고.

우리는 마지막 밤까지 뭉친 마음을 털어 냈다. 옆 사람이 울면 어깨를 토닥여 주며 같이 울고, 울지 않겠다고 해 놓고 펑펑 우는 사람을 놀리며 더 크게 울었다. 그 모

THE SUMMER

든 서글픔이 새벽 서리처럼 흩날리는 듯했다. 내 마음에 무엇이 돋아난 걸까. 이 시간을 자주 뒤돌아보게 될 것 같다.

마리와 무화과

 강화에서의 세 번째 밤.
 각자 음식을 만들어 와서 저녁 식사를 하기로 했다. 다 같이 장을 보고 부엌으로 돌아왔다. 사람이 많아서 그런지 냉장고에 자리가 부족했다. 2층에 있는 냉장고에 잠깐 넣어뒀다가 적당한 시간에 다시 가지고 내려오는 방법밖에 없었다. 가파른 계단을 오르락내리락하는 상상을 하다가 지쳐 버렸다. 어떻게든 넣어 보려고 냉장고를 정리하다가 포기하고 의자에 앉았는데 갑자기 마리가 내게 물었다.

"내가 대신 다녀올게요. 그리고 40분 후에 다시 가져다줄게."

말씀만이라도 고맙다고 말하고 냉큼 다녀왔다. 내가 하고 싶지 않은 일을 다른 사람에게 부탁하고 싶지 않았다. 한참 다른 사람의 요리를 도와주다가 내 것을 준비할 시간이 다가와서 다시 올라갔다. 냉장고를 열었더니 있어야 할 자리에 무화과가 없었다. 다시 내려와서 무화과 박스가 사라졌다고 말했더니 마리가 선반 위에서 내 무화과를 꺼내 주었다. 나를 생각해서 대신 가지고 와 준 거였다. 마리의 따뜻한 마음이 고스란히 느껴지던 순간에는 이런 큰마음을 받아도 되는지 덜컥 겁이 났다.

첫 번째 책을 내고 나서도 남을 할퀸 적 있었다. 그때는 견고했지만 지금은 끊긴 인연도 있다. 사람들이 내게 다정하다고 말하는 걸 들을 때마다 부끄러워서 숨고 싶었다. 하루는 어느 북토크에 가서 물어보기도 했다. 나는 다정하다는 말도, 착하다는 말도 많이 듣지만, 늘 선한 사람을 부러워한다고. 때론 악하고 무례한 사람을 보면 똑같이 되갚아 준다고. 그런 내 공격적인 모습이 다정한 사람의 모양은 아닌 것 같아서 마음이 괴롭다고 털어놨었다. 그 작가님도, 내 상담 선생님도 그건 인간이라면 당연히 드는 마음이라고 했지만 전혀 위로가 되지 않았다.

무화과를 앞에 두고 이런 사람들과 함께라면 나도 조금씩 더 다정해질 수 있을 것 같았다. 이런 마음들을 오랫동안 기억하고 싶었다. 가끔 찾아오는 못난 마음이 고개를 들 때마다 오늘을 떠올리며 스스

THE SUMMER

로를 다독이면 괜찮아질 것 같았다. 누군가를 위해 움직이는 시간에는 울적한 마음이 아득해진다. 버려지는 말이어도 쓰려고 한다. 계속 글을 쓴다. 그렇게 가을은 서서히 왔다.

너를 보면 너를 닮고

함박눈이 사선으로 내리는 오후의 연희동에서 희윤이를 만났다. 단숨에 레모네이드를 들이마신 나는 노트북을 꽉 쥔 채 아무에게도 말하지 않은 사실을 말했다. 지금쯤 인쇄에 들어갔어야 할 원고를 모두 덮었다고. 희윤이는 눈을 직사각형으로 뜨며 이유를 물었다.

"책을 이만큼 내고 나서야 알게 되었어. 나는 슬픈 글에 소질이 있더라. 근데 책을 팔아 보니까 사람들이 좋아하는 건 야트막

한 희망이라도 묻어 있는 글이야. 문제는 이전의 책을 쓰면서 이미 흘러간 과거를 돌아보느라 이미 너덜너덜해졌는데 인제 와서 어떻게 그런 글을 쓰냐는 거야."

"원고 보여 줘 봐."

답답한 눈 덩어리를 잔뜩 꺼냈다. 희윤이는 눈을 껌뻑껌뻑하면서 내 원고를 들여다봤다.

오늘 밖에서 만난 이유는 따로 있었다. 그는 오래전부터 글을 쓰고 싶어 했고 나보다도 먼저 작가 아카데미에서 수강했던 친구였다. 그렇게 시동만 걸더니 대뜸 찾아온 무업 기간에 다시 글을 쓰고 싶다고 했다. 소설을 쓰고 싶다고.

"읽어 보니까 네 예전 글이랑 의식해서 넣은 글이 구분되네. 나는 전자가 더 좋아."

"왜?"

"네 책이잖아."

"그렇지…."

"마틴 스코세이지가 그랬잖아. 가장 개인적인 것이 가장 창의적인 거라고. 내가 요즘 이사하면서 집을 꾸미고 있거든. 다른 사람의 취향으로 내 공간을 채우면 안 되더라. 후회만 남아."

우리는 대화 내내 서로가 하는 말을 각자의 메모장에 받아 적었다. 대화록을 작성해야 하는 친구 사이라니. 제법 낭만적이다. 보름 동안 자발적 은둔생활을 했다고 말했더니 희윤이가 오늘도 나오기 싫었을 텐데 와 줘서 고맙다고 했다.

희윤이와 나는 이십 년 동안 서로 다른 삶을 살아왔지만 그때나 지금이나 변함없이 서로에게 근접해 있었다. 다음 만남까지 각자의 결과물을 가져오기로 하고, 서로의 계획을 착실하게 실행하기로 약속했다. 집에 돌아오는 길에 메모장을 찬찬히 읽었다.

THE SUMMER

올해 첫 새싹을 틔웠다.

안녕, 다은

 숙박하는 동안 오후 열 시마다 진행되는 회고 시간에 꼭 참여해야 했다. 다 같이 모여 하루를 되돌아보는 시간. 열댓 명이 하나의 책상에 옹기종기 모여 앉았다. 나처럼 혼자 온 사람들이 많았다. 가장 마음에 남는 문장이 무엇이냐는 마지막 질문에 선뜻 대답하지 못했다. 수십 개의 눈동자들 앞에서 애꿎은 손가락만 쥐어뜯었다. 같은 질문을 한 번 더 듣고 나서야 왜 왔냐는 물음이라고 대답했다. 나는 저 말 앞에서 적

당한 대답을 찾기 위해 망설여야 했었다. 곧 죽어가는 할머니를 보러 왔다고 말하지 못하고 글을 쓰러 왔다고 할 때마다 나는 나를 괴롭히러 왔다고 말하는 느낌이 들었다.

그래서 망설여졌다. 시끄러운 술집에서 혼자 온 여행객의 특권을 누리며 책을 앞에 두고 소주를 마실 때도, 읽던 책이 머금은 눈물이 내게 닿았을 때도, 나만 느끼지 못하는 투명 망토가 내 정수리 위를 덮었다. 나는 언제든 그 망토가 존재하지 않는 듯이 말할 수 있었지만 절대로 벗지 않았다. 작가라는 선입견은 내게 방패가 되었으니까.

혼자 있고 싶으면서도 함께 있는 사람들에게 끝도 없이 관심을 가지는 나를 보며 지금의 나는 혼자가 되고 싶지 않다는 사실을 알게 되었다. 어쩌면 익숙함을 떠나 새로운 관계를 만들고 싶었는지도 모른다.

며칠 동안 가까워졌다고 생각했고 속 애기를 하고 싶었다. 다은은 자신이 어디에서 왔는지, 무엇을 하며 사는지에 대한 간단한 질문조차도 네 번의 질문을 통해서 대답했다. 명확하게 긋는 선이 그와 나 사이에 놓였고 나는 남은 밥을 다 먹는 동안 더 질문하지 않았다.

옆 방의 고은이 주차된 차를 빼고 싶다며 뒤를 봐 달라 부탁했고 다은과 나는 주차장으로 향했다. 나는 화장실이 급해서 볼일을 해결하고 오겠다고 말했다. 서둘러서 주차장으로 돌아 가려던 나는 거실의 큰 창을 통해 떠나는 다은의 뒷모습을 봤다.

마지막 인사 정도는 하고 싶었는데.

며칠 동안 같이 밥 먹은 정이 있었으니 미련이 잔뜩 묻은 작별 인사 한마디 정도는 하고 싶었는데…. 겨우 사흘 알고 지낸 사람에게 이렇게까지 서운할 수 있나 싶을 정

THE SUMMER

도로 다은이 원망스러웠다.

그날 밤 아쉬움을 잔뜩 끌어안고 떠날 짐을 정리하다가 다이어리 뒷면에서 모르는 엽서 한 장을 발견했다.

○○○

따뜻한 미소가 예쁜 소윤 님!
덕분에 함께 잘 여행하다 갑니다.
올봄은 힘든 일보단 잔잔히 웃을 일이 더 많아지 길 바라요.
그럼 안녕히 계시길 바라며...

- 같은 방을 썼던 다은 올림

시소

우리는 미지근한 등을 맞대고
긴 허공을 주고 받아

내려앉은 다정이
나를 덮고
너도 안고

그윽한 응원은 달막대는 입술 사이로
고개를 내밀고
맞닿은 시선이 감빛으로 물들고 있어

언제까지 볕을 기다려야 해?
한들거리는 풀꽃의 움직임이면 충분한데

『파도시집선 015 다정 수록』

차라리 저 해바라기 속으로 빠지고 싶어

풀어진 마음들과

메마른 눈물을 주워담고

기다려도 될까

너의 수풀 속으로 초대해줘

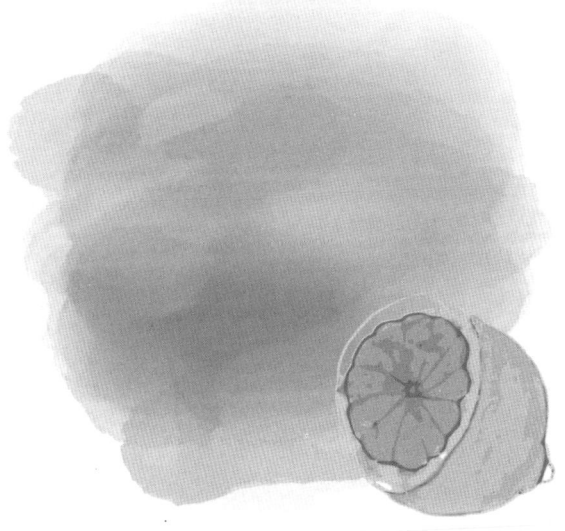

좋아할수록 멀리 있고 싶어

사랑과 동경 그 사이에서
너를 따라 걷는 길

다정한 눈빛 속에서
원 없이 속삭였던

고백은 밝은
새벽을 잠재우는 미소로 돌아와
내가 감히 너를 담아도 될까

THE SUMMER

그렇게 서로 오래 쳐다봤어

 기다렸어. 기다렸어! 사랑해! 기다렸다고! 우리 헤어진 게 너무 오래 전이라서 한 번 안아 주고 싶어. 나 몰래 새우튀김 사 먹었구나. 배신자. 사랑해. 사랑해. 부스러기라도 내놔. 사랑한다고. 씻고 온다고? 내 새우튀김은? 아무튼 잘 씻는 거 하나는 인정. 대견하다. 토독토독. 보고 싶었는데. 눈앞에 강아지가 있는데도… 손에 쥔 네모 속에 있는 다른 강아지를 보느라 나를 외면하는 거 내가 이해해 줘야 하나?

THE WINTER

얼른 나를 안아 줘. 오른손 내놔. 사랑해. 왼손도 줘. 사랑해. 등 말고 배도 만져 줘. 아니! 꼬리는 건들지 말고.

내 이마 줄게. 이거 누나 다 해. 이제는 슬픔을 원동력으로 살아가자. 날름. 두근두근 뛰는 심장만 생각해. 날름. 날름.

따뜻한 내 손도.

사랑해.

닮고 싶었어요

 열 살쯤, 감기 때문에 조퇴하고 롯데리아에 갔다. 김치버거가 새로 나왔던 때였다. 병원비를 내고 남은 돈으로 주문했다. 계산대 앞에서 기다리는데 대학생으로 보이는 직원 언니가 갑자기 말을 걸었다.
 "학교 안 갔나? 이 시간에 왜 여기 왔노."
 "조퇴했는데요."
 왜 혼자 조퇴했냐는 언니의 물음에, 부모님 일하러 가서 할머니가 돌봐 준다고 대

THE WINTER

답했다. 내가 주문한 걸 보고 한 개로 할 거냐고 물어보길래, 나는 나눠 먹으면 된다고 했다. 그러자 언니는 동생이 있냐 물었고, 남동생이 있다고 말하자마자 그는 조리대 안으로 들어가 김치버거 두 개를 더 가져왔다. 가벼운 봉투에 그 모든 것을 넣어 준 언니를 바라봤다.

"왜 넣어요?"

"언니가 니 빨리 나으라고 주는 거니까 다 먹고 약 잘 챙기 묵고 빨리 나아라!"

희수가 때때로 나를 생각했다고 했던 것처럼, 나는 마음이 시큰거릴 때마다 김치버거를 넣어 주던 언니의 손길을 기억했다. 롯데리아를 지날 때면 그 비 오는 오후가 자연스레 떠오른다. 지금쯤 40대 중반일 그 언니는 어떻게 살고 있을까.

다정함은 오래도록 남아 있다.

체리, 복숭아, 딸기

 내게는 친한 스님이 한 분 있다. 그분은 엄마가 다니는 작은 절의 주지 스님이셨는데, 미국에서 살다가 성인이 되어 늦게 출가하신 분이었다. 당시 나는 한국에 돌아와 취업을 준비할 때라서 시간이 많았고, 심심할 때마다 그 절에 들렀다. 마음이 가라앉을 때면 절에 가서 스님과 저녁까지 이야기를 나누곤 했다. 스님은 내가 전하는 바깥세상 이야기뿐만 아니라, 엄마에게 털어놓지 못하는 내 속마음까지도 잘 들어주셨다.

THE SUMMER

    봄에는 갓 지은 밥에 데친 두릅을 먹고, 여름에는 직접 담근 열무김치와 달걀부침을 비벼 먹었다. 밥을 다 먹고 나면 스님은 아껴 두셨던 귀한 차를 내려 주시곤 했다. 그렇게 있다 보면 보살님들이 하나둘씩 모여들었고, 우리는 동그랗게 앉아 오랫동안 이야기를 나눴다.

    나는 어릴 때부터 과일을 즐겨 먹지 않아서 보살님들이 손에 쥐어 주신 잘린 과일도 잘 먹지 않았다. 내가 남긴 사과 반쪽을 보며 스님은 다음 제철 과일을 기다리면서 살아 보는 것도 나름 재미있다고 말씀해 주셨다. 그 이후로 가끔 친구가 왜 그렇게 절에 자주 가냐고 물으면, 제철 과일을 먹으러 간다고 답하곤 했다.

    가을이 오면 흰 밥에 김장 김치를 얹어 먹고, 누군가의 천도재가 다가오면 엄마를 따라 열심히 절을 하고 남은 전을 먹었다.

그렇게 또 계절을 견디다가 겨울이 오면, 군고구마를 입안 가득 넣고 지난 마음을 털어 놓으며 울기도 했다. 스님은 웃으시며 동치미를 가득 떠서 내 무릎 앞에 놓아주셨다. 서너 번의 봄을 보내고 나니, 스님이 창원으로 떠나신다고 하셨다. 그동안의 연습 덕분인지 이제는 스님 없이도 다가오는 계절을 무탈하게 보내고 있다. 지금의 계절에 해 봐야 할 것들이 많이 남아 있다. 체리를 기다린다.

THE SUMMER

너는 내가 오래 오래 오래 기다린 우주

햇볕 아래에서 눈이 마주쳤다.

눈동자가 고동색이네.

저번에 봤을 때는 적막한 시골 밤하늘처럼 칠흑 같았는데. 어느 시월엔가 그 어두운 눈이 계속 떠올랐다. 달이 떴으면 좋겠다고 생각했다. 그 달이 되고 싶었다. 찬란하게 차오르는 빛이 되어 너를 비추고 싶어….

한적한 오른손 위에 네 손이 성큼 다가온다. 둥둥 떠다니는 토닥임.

THE SUMMER

눈을 보고 미리 생일 축하한다고 말할 수 있어서 좋아.

녹진하고 넉넉한 마음을 건넨다. 네 시선이 닿는 곳마다 여름이 잔원하게 흘러내리는 오늘. 아몬드를 닮은 네 눈앞에서 속삭인다. 영영 잊지 않을게. 영원히.

작은 조각들로 호수를 가득 채우면

사랑은 어디에나 있다.

묵혀 둔 손 편지들에 담긴 애정, 좋아하는 요리에 대한 열정, 지나간 감정에 대한 그리움, 계산하지 않는 우정, 나를 절대로 배신하지 않는 강아지에 대한 애착, 살아온 삶과는 다른 모습으로 펼쳐지는 현재에 대한 수긍.

처음으로 마음을 끌었던 색감, 기억에 깃든 음악, 몸으로 그려 낸 아름다운 곡선, 여운을 남긴 시 구절, 어딘가에서 펼

THE WINTER

쳐지는 삶을 바라보는 소설의 주인공들, 등을 감싸는 노을의 주황색 그림자, 물처럼 번져 가는 음악의 울림, 수평선을 따라 펼쳐진 새벽 바다의 끝없이 진한 푸르름, 콧잔등에 내리쬐는 햇살의 아름다움, 가을바람이 그려 낸 덕수궁의 황금빛 길이 왜 그토록 마음을 사로잡는지, 담장마다 솔솔 피어나는 들꽃의 향기는 얼마나 고요하고 숭고한지.

밤 아홉 시의 인사동에서 울려 퍼지던 노랫소리를 기억하고, 손끝이 물살을 가르며 나아가는 움직임을 체감하고, 과일 가게를 가득 메운 과일들의 화려한 외투를 감상하고, 겨울의 거리 한복판에서 사람들의 입김이 춤추는 듯한 기분을 느끼며, 우연히 잘못 탄 버스가 안내해 준 동네와의 첫 만남을 오래도록 기억하는 것.

단조로운 나날들 속에서 얼마나 많은

사랑을 스쳐 보내고 있는지 세어 본다. 오늘은 어떤 걸 또 사랑해 볼까. 지나온 것들을 부지런히 주워 담는다.

THE WINTER

사이좋게 다니렴

　좋아하는 날짜 몇 개를 가지고 있다. 엄마와 처음 만난 내 생일, 강아지가 우리 집에 처음 온 날, 그리고 영영 잊고 싶지 않았던 사람의 생일. 내 책들의 발행일이다. 작은 것에 의미를 부여하는 나로서는 발행일을 지정하는 것이 좋아서 책을 빨리 내고 싶은 마음도 있다. 추억이 담긴 날들이 그 자체로 큰 동기부여가 되어 나를 서두르게 한다. 때를 놓치면 1년 뒤에야 할 수밖에 없으므로 어떻게 해서든 포기하지 않게 된다.

 지나간 책을 다시 읽어볼 때마다 그때의 나를 만난다. 글에 녹아든 무게 덕분인지 가끔 마음이 우수수 쏟아진다. 책은 곧 나를 닮아서 낯선 책방에서 외로움을 탈까 봐 걱정된다. 그럴 때면 책장에 꽂혀 있는 책을 꺼내 맨 뒷장을 펴서 날짜를 본다. 좋아하는 날짜와 내 글이 함께 손잡고 여기저기 떠도는 모습이 마음에 든다.

 이 날짜들은 단순한 숫자가 아니다. 나의 기억과 미련 그리고 저 멀리 아득한 마음들이다. 그 특별함을 나눠 주고 싶다.

다음은 있어

  8년 만에 만나는 사촌 동생이 북페어에 와 주었다. 전날 저녁을 먹다가 생각이 나서 오라고 했더니 양손 가득 맛있는 걸 싸 들고 나를 보러 왔다. 6년인 줄 알았는데 알고 보니 8년 만이었고 우리는 마치 지난주에 봤던 사람들처럼 웃었다.

  동생과 한창 이야기하고 있는데 책들을 가만히 바라보던 분이 나에게 이 책을 썼냐고 물었다. 그렇다고 대답했더니 갑자기 가방에서 익숙한 노란 책 두 권을 꺼냈다. 내

THE SUMMER

책이었다.

"작가님 만나러 왔어요."

책을 낸 지 8개월 만에 참가한 북페어였다. 마음보다 손이 먼저 떨렸다. 사인을 하고 있는데 그분이 내 생각이 나서 샀다며 양말 스티커와 초콜릿을 건네주셨다. 그 말을 듣자마자 책을 썼던 겨울의 마음이 생각나서 일어선 채 펑펑 울었다. 사랑하는 사람들의 시간에 들어갈 수 있어서 행복하다고 글을 썼는데 그 글 덕분에 모르는 사람들의 시간 속에도 들어갈 수 있게 되었다. 허공에 대고 외치고 있던 게 아니었구나. 독자들을 직접 만나는 게 무엇인지 알아버렸다.

그때 내 옆에서 그 장면을 지켜본 다른 독자님이 있었는데 4개월 후에 열린 다음 도서전에서 내게 양말을 건네주었다. 양말 친구 쟌쟌에게 줄 양말도 함께 들꽃이 새겨진 갈색 양말. 우는 나를 보면서 내게 양말을 주는 사람이 되고 싶었다고 말했다.

  책을 잘 읽었다는 분들, 나를 보러 여기에 왔다고 한 분들, 함께 온 친구에게 나보다 더 잘 설명해 주는 분들을 보면서 이름 모를 감정을 듬뿍 느꼈다. 시간을 내서 나를 보러 와 달라고 초대권을 주었을 뿐인데 내가 좋아하는 튤립, 직접 만든 튤립, 양말, 정성이 깃든 편지와 함께 그윽한 응원을 가득 받았다. 이번 겨울은 부디 따뜻했으면 좋겠다는 말도 들었다.

  책 주문이 들어올 때마다 그 핑계로 택배를 보내러 밖에 나갔다. 그래서 책을 읽었다는 분들을 실제로 만날 때마다 손을 꼭 잡고 고맙다고 말했다. 덕분에 제가 매일 집 밖으로 나갈 수 있었어요. 덕분에 제 슬픔이 은은해졌어요. 가끔씩 찾아오는 외로움을 마음의 한적함이라고 여길 수 있는 사람이 되었어요. 슬픔이라는 심해 안에 갇혀 있는 게 아니라, 그 안에서 헤엄치는 법을 알게 되었어요.

　첫 책을 쓰게 된 계기인 양말. 양말을 좋아한다고 말했을 뿐인데 별일 아닌데도 사람들이 양말을 선물해 준다는 쟌쟌의 이야기를 듣고 부러워했던 나도 이제 양말을 선물 받는 사람이 되었다. 그 많은 다정함을 온통 쏟아부었던 지난여름에는 이제 남은 것이 없는데, 앞으로 무슨 글을 더 쓸 수 있을지 막막했다. 그러나 글은 삶에서 나오고 나는 앞으로도 살아가야 하기에 계속 쓸 수 있겠구나…. 또 채워진다. 가만히 있어도 쓰고 싶은 글은 계속해서 가지를 뻗는다. 잠깐 반짝하고 사라지는 사람이 되고 싶지 않다. 자신 있었던 부분도 호락호락하지 않게 느껴진다. 부지런히 배워서 온전한 내 것으로 만들 것이다.

가끔 같은 책을 네다섯 권 사는 분들을 본다. 다른 사람에게 선물할 수 있는 책이 되었다는 사실이 좋다. 마음에 돋아난 글을 성실하게 쓰고 싶다.

THE SUMMER

PART 2

·

THE WINTER

목마르게 원망하고 싶었다. 그 마음 앞에서 지고 싶지 않아서 오래된 말을 자꾸 꺼내야 했다. 그래야만 다음 글을 쓸 수 있었다. 지나간 표정을 모을 때면 사늘히 식은 바람이 되살아났다. 그럴수록 더 마음껏 원망하고 싶었다.

어쩌면 가끔 아빠를
보러 올지도 모르겠어

가까운 책방에 들른 김에 아빠에게 전화했다.
"저녁 먹을래?"
"그래."
5년 만에 간 아빠의 사무실은 여전했다. 달라진 거라곤 고구마 난로뿐이라고 생각했는데 7년 전부터 있었던 거라고 했다. 고기를 사 준다길래 국밥을 먹고 싶다고 슬쩍 어깃장을 놓았다. 사실은 고기를 더 먹고 싶었는데 부쩍 오른 물가와 아빠의 주머니 사정이 툭 튀어나왔다. 내가 사 줘도 되는데 영 내키지 않았다.

수중에 충분한 돈이 있는데도 자꾸만 튀어나오는 가난의 습관이 지긋지긋했다. 그리고 이 가난을 내게 안겨 준 사람에게 그 무엇도 사 주고 싶지 않았다.

아빠 사무실 옆에 있던 국밥집이 문을 닫아서 근처 칼국수 집으로 갔다. 메뉴판을 보자마자 차돌박이 비빔밥을 제일 먹고 싶었는데 아빠가 "차돌박이 비빔밥 먹자."라며 먼저 메뉴를 정했다. 어릴 때부터 손부터 발까지 아빠와 판박이라는 말을 들으며 자랐다. 아빠의 투박한 손과 발 그리고 넓은 이마를 닮은 것이 한 번도 자랑스러운 적이 없었다. 성인이 되고 나서 사람들이 내게 손이 예쁘다고 말할 때마다 속으로 거짓말을 한다고 생각했다. 내 손은 아빠와 겉으로 닮지 않았는데 나를 사랑하는 마음에 자신과 닮았다고 계속 말했던 걸까.

밥을 기다리면서 아빠와 시답잖은 얘기를 했다. 사실 할 말이 없어서였다. 4년 만에 만난 아빠와 나눌 얘기는 분명 많은데도 아무 얘기도 하고 싶지 않았다. 아빠는 내게 끊임없이 요즘 돈을 많이 벌고 있다고 말했다.

투명한 그 말들을 듣고 싶지 않아서 내가 키우는 강아지가 사고 친 얘기, 요즘 책이 어느 정도 팔리는지 따뜻했던 날씨 얘기를 계속해서 꺼냈다. 느껴진다. 아빠가 내 눈치를 보고 있다는 게. 내가 말하지 않으면 아빠는 먼저 입을 떼지 않는 게.

자주 찾아오는 공백마다 동생의 안부를 묻는다. 자신이 망친 인생을 가지고 사는 동생을 궁금해한다. 얼마 전에 대학에 가고 싶다고 울길래 내가 돈 벌어서 보내 주겠다고 했다고 했더니 아빠가 코웃음 친다. 공부를 해야 가지. 아빠는 늘 나는 대학을 나온 사람이라서 존중해 주고 동생은 사랑하는 만큼 무시한다. 자신과 같은 밑바닥 인생을 살고 있다고 오해하므로.

"걔 검정고시도 높은 점수로 합격했어."

"시험 붙었나?"

못 믿겠다는 눈치다. 속으로는 이미 아빠가 그렇게 만들었잖아, 라고 수십 번 말했다. 아빠는 기억하지 않는다. 자신이 우리 셋 인생을 얼마나 처참하게 망가뜨렸는지.

차오르는 말들을 삼켜 내느라 11,000원짜리 차돌박이 비빔밥을 싹싹 긁어먹을 때까지 무슨 맛인지 느끼지 못했다. 뚝배기에 나온 된장찌개를 동시에 손으로 잡아 들었다. 아빠와 나는 마치 약속이라도 한 듯이 동시에 후룩후룩 뚝배기에 입을 대고 마신다. 밥상 위 그릇에는 다 먹고 조각만 남은 삶은 양배추와 손도 안 댄 데친 다시마가 그대로 놓여 있다. 남은 다시마를 보고 있는데 아빠가 벌떡 일어나더니 밥값을 계산하러 갔다. 나는 그 쉬운 계산을 하려는 시늉조차 하지 않았다.

가게에서 나와 아빠의 사무실로 걸어가는 중에도 동생의 안부를 묻는다. "실패한 걸 자꾸 곱씹지 마라. 아빠 봐라 수많은 실패를 했어도 아빠는 단 한 번도 쉰 적이 없다. 늘 도전하면서 살았지."라는 조언을 한다. 또 속으로 말했다. 차라리 아무것도 하지 말지. 그랬다면 우리가 덜 고달팠을 텐데. 아빠의 당찬 도전 뒤에는 우리의 망가진 마음과 엄마의 시린 눈물이 있었는데 아빠는 기억하지 않는다. 그 도전 때문에 나이 육십에 혼자가 된 자기 모습은 보이지 않는 걸까.

아빠의 입을 통해 같이 밥 먹으러 와 줘

서 고맙다는 말이 흘러나왔다. 할머니가 돌아가시면 다신 고향에 가지 않을 거라는 말과 함께. 아무 말도 하지 않았다. 차에서 내리는 내 손을 감싸는 아빠의 손을 봤다. 손톱에 가득 낀 보일러 기름때. 느닷없이 튀어나오는 지긋지긋한 미련.

"아빠, 자주 올게. 밥 잘 챙겨 먹어. 종종 밥 먹자."

기차를 타며 친구에게 문자를 보냈다.

'민선아, 어쩌면 가끔 아빠를 보러 올지도 모르겠어. 내가 마흔 살이 되면 아무 생각 없이 아빠와 고기를 먹을 수 있을까.'

가만히 두기

강아지와 산책 중에 쪼그리고 앉아서 물을 주고 있었다. 잘 먹다가 갑자기 눈이 세모로 변하길래 고개를 들었더니 어떤 아저씨가 솜이를 향해 손을 내밀고 있었다. 모르는 사람이 가까이 다가오면 불안해하기에 인사해 주셔서 감사하지만, 강아지가 겁이 많으니 먼저 가시라고 말씀드렸다. 그는 아마도 솜이가 꼬리를 살랑이며 다가오길 기대했던 것 같다. 그는 들고 있던 짐을 바닥에 내려놓고 무릎을 꿇었다.

THE WINTER

"이리 와봐, 괜찮아."

한 번 더 손을 내밀어 솜이의 입 쪽으로 다가오길래, 결국 그러다 물린다고, 다가오지 말라고 목소리를 높였다. 그는 솜이에게 말했다.

"강아지가 그러면 안 돼, 성격 고쳐야지. 아저씨가 도와주고 싶어서 인사한 거야. 다음에 또 만나자."

도와주고 싶어 하는 그 마음 앞에서 불안해하는 솜이를 보면서 나는 오늘도 결국 예민한 주인이 되었다. 솜이도 큰소리에 놀랐는지 꼬리를 축 늘어뜨렸다. 집으로 오는 길에 앞서 걸어가는 솜이의 뒷머리에 대고 말했다.

누나도 내심 네가 낯선 사람들을 좋아하길 바랐던 적 있어. 그게 얼마나 너에게 미안한 욕심인지 이제는 알게 되었지…. 너도 그런 트라우마 없었으면 여기저기 꼬리 흔들면서 산책했을 거야. 네가 귀여움받는 거 얼마나 좋아하는데.

괜찮아. 성격 바꾸지 않아도 돼. 사람이 이렇게 만들었는데 네가 왜 변해야 해? 내가 조금 더 조심하면 되지. 그러니까 새로운 사람 손길 싫어해도 되고, 우리만 좋아해도 돼. 네가 좋아하는 것만 좋아하고 살아도 괜찮아. 우리 그렇게 오래도록 살자.

THE WINTER

은미

우리 옆집에는 은미가 살았다. 은미는 지적 장애인이었고 말을 자주 느리게 얼버무렸다. 나는 은미를 좋아했다. 은미의 시선은 순수했고 누구보다 맑았다. 은미가 말을 천천히 할수록 나는 밖에서 오래 놀 수 있었다. 작고 마른 은미는 항상 나를 졸졸 따라다녔다. 은미를 놀리는 남자애에게 맞섰다가 발차기를 당하기도 했었다. 아프다고 우는 대신 나를 찬 그 발을 잡고 고추를 차 버렸다. 누군가를 지켜 주었다는 생각에 뿌듯했

THE WINTER

다.

 종종 놀림을 받는 여자애들을 지켜 주었다. 피부가 어두운 은정이를 '아프리카'라고 놀리는 남자애에게 네 눈은 찢어졌으니 '새우깡'이냐고 했다가 뺨을 일곱 대나 맞았다. 나는 벌떡 일어나서 김승우의 얼굴에 각진 종이 필통을 던졌다. 김승우의 손찌검 따위는 전혀 두렵지 않았다. 아빠가 학교에 올 걸 알았으니까. 우리 아빠는 교실에 오자마자 그 남자애를 번쩍 들어서 사물함에 던져 버렸다.

 "이 새끼야, 어디서 내 딸한테 손대노? 니 남자 맞나?"

 아빠는 소리를 지르며 그 애 뺨을 똑같이 때리려고 했다. 말리지 않았다. 아빠가 저 남자애를 죽여 버렸으면 좋겠다고 생각했다.

 손을 잡고 집에 가는 길에 아빠는 여러 번 걷다가 멈춰 서서 빨개진 내 볼을 만져

주었다.

"니 안 울고 기특하네."

"내가 울면 그 쪼다 새끼가 내를 지보다 약하다고 믿을 거 아니가."

아빠는 내 손을 더 꽉 잡았다. 내 딸내미 어디 가서 무시당하고 살진 않겠다고 말하면서.

아빠 덕분인지 지금도 무례한 남자들을 보면 참지 않는다. 고등학교에 다닐 때 키가 나만 한 남자애가 내 친구를 가슴이 크다는 이유로 매일 모욕적인 말로 성희롱을 했다. 참고 또 참았다. 좋은 대학교에 가고 싶었으니까. 부모님께 걱정을 끼쳐드리고 싶지 않았고 무엇보다 내겐 달려와 줄 헌아빠가 없었다. 몇 번을 더 참다 보니 내 친구는 갑자기 방황하기 시작했다. 화장이 진해졌고 눈이 자주 부어 있었다.

이정현이 "니도 니 가슴 큰 거 알지? 미

친년."이라는 말을 하자마자 주변을 둘러봤다. 나처럼 모른 척하는 반 친구들과 그 말에 주눅이 든 내 친구. 참을 수 없었다. 나는 이정현의 뒤통수에 대고 "야 우리가 언제 니 키 작다고 말한 적 있나? 가슴 큰데 어쩌라고? 너희 부모님은 집에서 기본적인 것도 안 가르치나?"라고 사투리로 말했다. 사투리는 내게 큰 힘을 주었다. 서울에 온 이후 4년 동안 서울 남자아이들이 내 거친 사투리 억양에 주눅 드는 걸 봤기 때문이다.

"너 미쳤냐?"

이정현이 일어났다. 전혀 무섭지 않았다. 나만 한 기에 니긋한 서울말을 쓰는 이정현이 우스웠다.

"왜? 니가 남한테 하는 말은 괜찮고 내가 니한테 하는 말은 안 되나?"라고 했더니 내 발밑으로 의자를 던졌다.

"쪽팔린 줄 알아라. 할 줄 아는 게 물건

던지고 욕하고 성희롱밖에 없제? 애네도 다니 우습게 여긴다. 키도 작은 게 주제도 모르고 깝죽거린다고 할걸. 근데 더러워서 피하는 거다, 알겠나. 무시하는 거라고."

다행히 내 말이 끝나자마자 바로 담임이 왔다. 담임은 부모님을 부르지 않았다. 이정현은 내게 위협을 가하지 않았고 내 친구에게도 더는 모욕적인 말을 하지 않았다. 그 애는 더는 가출하지 않았다.

가끔 김승우와 이정현을 상기시키는 사람들을 만난다. 여전히 참지 않는 이유는 아빠가 그렇게 키웠기 때문이다. 의심이 들 때마다 아빠는 내가 옳다는 것을 매번 증명해 주었다. 나를 그렇게 대한 사람을 다 말린 명태포를 패듯 가차 없이 패면서.

또한 십여 년이 지났음에도 도움받았던 친구들이 무한한 인터넷에서 나를 찾아와 고맙다는 말을 전해 준다.

THE WINTER

옛 동네에 다녀온 이후로 잊고 지낸 아빠의 모습과 맑은 은미가 머릿속을 돌아다녔다. 출발하기 전에 뭐라도 남겨 놓고 싶었다. 요즘 세상에 남의 집 초인종을 함부로 누르면 안 되는데도 누를 수밖에 없었다. 밖으로 나온 집주인에게, "실례합니다. 혹시 은미라는 친구 아직도 사나요?"라고 물었더니 십 년 전에 크게 아파서 이사 갔다고 했다. 어디가 아팠을까. 공항으로 돌아오는 내내 눈물이 났다. 십일 년 전에 올 걸 그랬다며 연신 혼잣말을 했다. 내리는 비마저 같이 웅얼거리는 듯했다.

이제 비행기가 뜬다. 내 모든 묵은 마음을 이 동네에 묻어 놓고 간다. 은미야, 네가 장은미인지 이은미인지 이제는 까마득해. 부산에 올 때마다 너를 줄곧 떠올렸어. 어떻게 지내니? 네가 나를 좋아한 것처럼 나도 너를 참 좋아했어. 건강해야 해

아무것도, 아무도

 후회만 가득 남은 밤이다. 살면서 항상 희끗만 보여 줄 수 없다는 걸 알고 있지만 잠겨 있는 마음까지 나누면서 접점을 찾는 건 쉽지 않다. 무섭다. 누구를 알아간다는 게. 어차피 또 떠날 텐데 마음을 나누어서 무얼 해.

 내 활발함과 밝음을 좋아한다는 말을 들었다. 고맙다고 하면 되는데 구태여 깊이 고민한다. 과거의 관계에서 실패한 경험이 끌고 온 덧없는 걱정임을 알면서도 나는 그 손을 놓지 않는다. 삭힌 근심은 손톱을 넘어 내 어깨에 자리 잡고 가만히 나를 바라본다. 내 흐린 얼굴을 보여 주면 실망하지 않을까. 숨기고 싶은 얼굴을 비행기 모양으로 접고 또 접어 먼 곳으로 날린다. 자꾸 완벽한 모습만 보여 주려고 노력하다가 결국 또 같은 실수를 한다. 누가 미리 써놓은 극본처럼 사람들이 자꾸 없어진다. 차라리 이유 없는 슬픔을 보여 주는 게 나았다. 떠나보내고서야 또 깨닫는 것.

어쩔 수 없는 일.

그저 꿈같은 어제.

집에 돌아와 별을 헤아리듯 띠난 사람들을 세어 본다. 지나간 시간에서 벗어나지 못하면 상처는 영영 아물지 않는다. 두 발로 서 있다고 해서 건강해진 게 아닌데도 아직 도움이 필요하다는 사실을 믿고 싶지 않다. 괜찮아졌다고 하더라도 작은 말에도 쉽게 무너지는 아픈 사람인 걸 받아들여야 하는데. 칭찬을 곧이곧대로 받아들이지 못하고 있다.

누구도 원망할 수 없어서 날씨 탓을 한다. 겨울이라서 그래. 날이 추워서 마음도 얼어 붙어서 그런 거야. 그렇게 잠이 든 아침에는 새도 울지 않는다. 온몸이 뭉그러진 무화과나무처럼 나만 멀뚱히 서 있다.

THE WINTER

한낮의 그림자

"사람을 이해한다는 게 얼마나 가증스러운 말인지 알아?"

이부자리를 정리하던 중이었다.

"서로 완벽히 이해하는 건 소설 속에서나 있는 일이야. 우리는 사회화된 동물이니까 이해하는 척하는 게 아닐까. 그게 아니라면 한없이 사랑해서 이겨 내거나 미친 듯이 미워하는 거지…."

나는 막힘없이 술술 말했다. 틀어 놓은 드라마에서는 시몬이 마이클에게 화를 내고 있었다.

'브렌트가 쓴 이 책은 사람들을 물건 취급해요. 여성 혐오적이고 인종 차별적이라고요. 왜 굿 플레이스에서까지 이딴 걸 겪어야 하죠? 브렌트 같은 사람들은 얼간이로 살아도 되고 어째서 우리 같은 사람들은 늘 용서를 강요받는 거죠?'

옅은 분노. 옅지 않은 분노. 선명한 분노.

"그러면 차라리 이해한다고 말하지 말지. 인간은 가증스러운 동물이야. 타인을 판단하는 나만의 기준이 있거든. 커피라도 사 주고 싶은지, 아닌지 말이야. 이 짧은 생을 위해서 이렇게까지나 노력하는 내가 하찮고 우습게 느껴져."

문득 아빠에게 커피 한잔도 사 주고 싶지 않았던 그날이 떠올랐다.

"누구나 그런 기준은 있어야 하지 않

아? 너는 오히려 다행이지. 쓸데없는 감정 소모는 하지 않아도 되잖아. 그 커피 한잔 대접하고 싶은 마음을 기준으로 네 안에 들어온 사람과 내보내고 싶은 대상이 구분된다는 게 얼마나 간결하고 편하니? 우리 삶의 점수를 저절로 매겨 주는 시스템이 있는 것도 아닌 이 세상에서 말이야."

"너도 그런 거 있어?"

"내 기준은 그 사람의 내일을 듣고 싶지 않은 거야."

"너도 언젠가 내 일상이 궁금하지 않게 될까?"

나를 빤히 쳐다봤다. 저런 눈빛으로 나를 쳐다볼 때면 바다가 떠오르곤 했다. 내가 버리고 왔던 여름 바다. 나는 그 여름 이후로 바다를 쳐다볼 수 없는 사람이 되었다.

망망대해를 외면하는 드문 사람.

"모순이 뭔지 아니? 너를 계기로 그게 얼마나 건방진지 알게 되었어. 내가 결심한다고 해서 되는 게 아니더라. 상대방이 그걸 고마워하느냐에 따라 달라지는 거였지. 그 사람이 알아주지 않는다. 그런데도 내 옆에 계속 두고 싶다면 영영 짝사랑하는 거야. 상처받아도 참으면서 계속 눈을 감는 거야."

"나를 사랑해?"

너는 알까, 그해 여름 우리 절교했을 때 나는 깨달았어. 이 세상 누구도 너보다 더 큰 상처를 줄 수 없다는 걸. 어떤 우정은 사랑이잖아. 내가 그랬어.

나는 또 눈을 감는다.

"응, 고마운 만큼."

푸르고 싶어서

 푸른 사람을 보면 자꾸 화가 났다. 나도 푸르고 싶어서. 나도 파랗고 하얗고 그렇게. 멈추지 않고 빛나고 싶었다. 꿈꾸고 싶었다. 모래성처럼 무너질 듯한 불안함을 가득 안고, 닮고 싶은 것을 마음속에 그려 본다. 온몸으로 받아 내던 기대가 무거워서 몸을 왼쪽으로 돌린다. 쨍한 바다를 닮아서 샀던 파란 색 베개에 묻은 눈물을 보며 생각한다. 푸르다. 내 슬픔은 푸른색이구나….

THE WINTER

마당에 가만히 앉아 눈을 감는다. 몸 안에 햇빛을 누적시킨다. 나는 목마른 꽃이 된다.

『파도시집선 013 빛 수록』

노을

낮에도 밤에도
너의 세계는 어둡다

네가 좋아하던 단어들은
더 이상 너를 설레게 만들 수 없지

너의 까만 눈에 비친 나는 선명하고
네 눈은 우주처럼 깊어
너는 그 작은 꼬리를 살랑살랑 움직이지
이건 너를 사랑한다는 말이야

네가 햇빛이나 구름이었으면 좋았을 텐데
오래오래 너를 바라볼 수 있게

네 눈은 우주처럼 깊어

 손바닥만 하던 내 강아지는 참 많이도 아팠다. 선천적으로 장기가 약해서인지 남들 다 발랄하게 뛰어다닐 나이에 췌장염을 앓았고 매일 피를 토했다. 두 다리가 부러져서 병원에 오래 있기도 했다. 솜이는 우리가 자신을 버렸다고 믿었고 수술받은 다리로 유리문을 부술 듯이 두드려서 세 번의 수술을 더 받았다. 나는 매일 열 발짝 떨어진 병원 로비에서 한참을 앉아 있었다. 또다시 누군가에게 버림받았다고 생각하는 게 슬퍼서

THE WINTER

이렇게라도 있어 주고 싶었다. 나중에 말해 주려고. 우리 내내 같이 있었어. 정말이야.

가끔 이 순간은 평생 못 잊겠다 싶은 순간이 있다. 하루는 마루에 나란히 누워서 가만히 쓰다듬었다.

'네 눈은 우주처럼 깊어.'

처음 해 준 말이었다. 솜이는 무슨 뜻인지도 모르면서 꼬리를 살랑살랑 흔들었다. 사랑한다는 말인 거 알아들었구나…. 아직도 생생하다. 이게 사랑이 아니라면 무엇이 사랑일까. 이 순간을 내내 잊지 못하겠구나 싶었다.

언제나 모든 감각으로 내게 집중하는 솜이는 아플 때마다 내게서 서서히 멀어지는 연습을 한다. 우리가 함께할 수 있는 시간은 왜 무한하지 못할까.

나는 또 영원을 꿈꾸는 미련한 사람이 된다

찰나일 줄 알았는데

 수현이가 다녀가고 혼자 남은 겨울이었다. 매일 그랬듯이 그날도 코가 빨개지도록 추웠다. 잊지 않고 챙겼던 장갑은 용도가 무색할 정도로 바람이 솔솔 들어왔다. 장을 보면서도, 양쪽에 봉지를 들고서도, 건널목을 건너 메트로를 지나가기까지 계속해서 고민했다.
 탈까….
 물음을 던지면서도 내 발은 이미 보도를 향해 걷고 있었다. 1.75달러를 아끼고

THE WINTER

싶은 작은 욕심이 이겼다.

   30분쯤 걸었을까.

   미드타운이다. 업타운보다 덜 반짝이고 비교적 무거운 분위기의 건물이 나란히 이어진 곳. 이제 한 시간만 더 걸으면 된다는 생각에 짐이 덜 무겁게 느껴졌다. 콧물을 삼키기 위해 고개를 위로 들었다. 초록 불 왼쪽에는 통유리로 된 식당이 있고 창가 자리에 한 가족이 앉아 있었다. 이렇게 추운 겨울에 민소매를 입은 엄마. 분홍색 케이크에 하트 모양의 촛불을 불고 있는 막내딸. 그리고 정성스럽게 포장된 선물을 건네는 다정한 표정의 아빠.

   신경질이 났다.

   무거워서 아래로 당겨지는 비닐 때문에 손가락에는 빨간 줄이 여러 개 생겼다. 내 속도 모르고 찬 바람은 거듭 손등을 때렸다. 왜 하필 이 길로 왔을까, 누가 시키지도 않았는데 나는 왜 이 겨울에 걷고 있을까. 아무도 눈치 주지 않는데 나는 왜 이 푼돈에 떨면서 살고 있을까. 아까 미적거리지 않았더라면 저 사람들을 보지 않았을 텐데. 손에 쥔 이 봉지 안에는 화려한 홀 케이크도, 한겨울의 민소매도, 백인이란 이름도, 단란한 가족도, 버스비 따위 고려하지 않는 여유로움도, 그 어느것도 없다. 열등감과 신세 한탄뿐이다.

그만 긁어모을 때도 되었는데 나는 자주 부스러기로 모래성을 만든다. 상처 없는 가족에서 오는 박탈감은 영영 지워지지 않는다. 굳은살 없는 과거를 갖고 싶다.

THE WINTER

무채색의 혼잣말

정신없이 사는데, 또 아닌 느낌도 들어. 네 생일인지 모르고 지나갔어. 허전하다고 느꼈는데 네 생일이었더라. 지나간 시간을 되새기다 보면 더욱 선명해지는 의문이 있어. 너는 정말 아무것도 아니었나. 그저 그런 존재였나? 며칠 전 친구를 만났는데 네 이름이 떠오르지 않는 거야. 그래서 울었어. 이렇게 잊힐 이름이었는데 왜 그렇게나 오래도록 놓아주지 못했을까.

대체 사랑이 무엇이길래.

THE WINTER

어차피 지나갈 사람. 계속해서 머물렀어도 많은 의미는 없었을 사람. 한 번도 절실하게 좋아한 적 없었던 사람. 떠난다고 했을 때 진심이라며 퍼부었던 내 말들은 네가 사라지는 데 대한 두려움에서 나왔던 걸까. 이렇게 하나도 빠짐없이 다 기억나는데도 너는 나한테 아무것도 아니었나 봐. 정말 무서운 말이지.

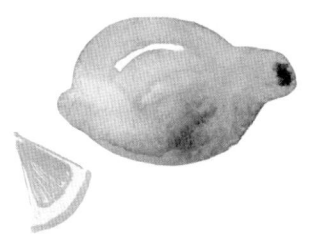

『파도시집선 014 새벽 수록』

스러진 정원

소소리바람이 내려앉았던 우리의
현소玄素*는
아무런 예언도 없이 모든 새벽을 잠재웠다

우스운 원망이라도 떠다니는
리듬을 타고 저 긴 소롯길로 닿았으면 해
는적는적 오래된 잔향의
기억만 더듬게 만들고
다 늦은 새벽에 폭 안겨 아무도 모르게
리듬을 탄 채
고스란히 남아있는 흔적을 자꾸만 더듬어 너는 대체 어디에

있어?
어디에서 어떻게

*이별

내가 놓친 네 서른셋은 어땠어?

 팝송과 개나리를 좋아하던 소현이. 정원이었던 소현이. 비가 많이 내렸던 내 열아홉에 빗물에 흘러가는 흙과 나뭇잎을 가만히 지켜볼 수 있는 창가를 선물해 주었던 소현이.
 오늘은 소현이의 생일이다. 어느 생일에는 꾸깃꾸깃한 지폐를 꺼내 장미꽃 한 송이를 샀다. 스물세 살이 된 여름에 소현이는 흔적도 없이 사라졌다. 그 애의 가족들도, 키우던 강아지도, 그리고 쏟아부었던 내 시간도 함께. 잊고 살다가도 문득 기억난다. 우리는 11월 15일이 다가오면 어김없이 소현이를 찾는다.

힘들면 힘들다고, 오늘의 아침을 견디기엔 많이 와 버려서 길을 잃었다고 말이라도 해 주었더라면. 첫 단추를 잘못 끼워서 미안했다는 한마디면 되었는데. 소현이가 사라지고 찰나의 배신감은 들었지만 그건 아무 의미가 없었다. 어른이 되고 난 후 늘 돌이켜 본다. 아무리 곱씹어봐도 내게 남는 정답은 하나뿐이다. 그렇게 사라지는 게 유일한 방법은 아니었을 텐데. 여전히 이 대답만 남는 것은 나와 하나 언니가 소현이처럼 살아 보지 못했기 때문이겠지.

우리는 아직도 가끔 궁금해해. 네가 건강하고 안녕하길 바라면서. 삼십 대의 끝자락에 있는 당신은 어디에서 어떻게 살고 있어?

미완성으로 남은

나는 잊었을까. 네가 준 아림은 화사한 날에도 끈질기게 나를 조여 온다. 남아 있다. 오래된 숙제는 형체 없는 온기를 지우는 일. 기다리지 않은 비를 맞이하는 아침. 너를 지울 준비가 되었다고 묻는다면 자신 있게 숨을 수 있다. 누구도 이 그늘에 들어올 수 없고 단단하고 텅 빈 서러움을 안아 줄 수 없다. 폭설처럼 쏟아지는 서성거림에서 자유로워질 수 없는 뚜렷한 밤…. 남은 발자국을 없애려고 애쓸수록 오히려 한없

THE WINTER

이 선명해진다.

    가만히 들여다보고 있으면 지나갈 마음들을 한가득 안고 더는 채워지지 않는 모서리만 바라본다. 사랑은 나누면 배가 된다던데 왜 내 속은 갈수록 바닥날까. 좁혀지지 않는 빈틈을 끌어안고 끝나지 않는 새벽을 세고 있다.

쌀 한 톨만큼도

 길을 걸어가는 어느 할머니의 모습을 보고 서글퍼졌다. 그 마음으로 이 글을 쓴다. 이번 가을은 한없이 다정했고 잔인했다. 책이 잘되고 있다는 소식을 받자마자 할머니가 암이라는 또 다른 전화를 받았다. 손쓸 수 없는 암. 평생 감기 한 번 안 걸리던 할머니는 그렇게 터무니없는 병명을 손에 쥐었다. 할머니를 3년 동안 보지 않았다. 아빠에 대한 원망 때문이었다. 나는 무슨 일이 있어도 저 큰 바다를 사이에 두고도 이틀에 한 번은 전화하던 착실한 큰손녀였다. 전화를 받은 날 바로 부산행 기차표를 끊었다. 오랜만에 만난 할머니는 노란 얼굴을 하고서 내게 말했다.

"그래도 아프니까 내 보러 오네."

보고 살지 않겠다고 다짐했던 그 얼굴들을 마주하고 돌아오는 기차 안에서 나는 차라리 할머니가 빨리 죽었으면 좋겠다고 생각하며 이 글을 쓴다. 그러면 아빠를 다시 보지 않아도 되니까. 나를 이런 괴물로 만든 아빠는 매정했던 나 때문에 자신의 엄마가 아프다고 할지도 모른다.

할머니는 내가 태어나기 전부터 자신이 가진 모든 마음을 퍼부어 주었다. 손녀와 손자를 여섯 명이나 둔 할머니 머릿속에는 오직 나뿐이었다. 유학 당시 할머니랑 전화하던 중 남아 있는 요금을 다 써서 끊긴 적이 있다. 전화 카드를 충전해서 다시 전화를 걸면 되는 일이었지만 새벽에 나를 덮쳐 누른 졸음을 이기지 못해 잠들어 버렸다. 다음 날 할머니는 내게 전화기 앞에서 하염없이 두 시간을 기다렸다고 말했다. 그 이후론 할머니가 전화기를 내려놓을 때까지 늘 기다렸다. 그 기다림이 좋았다. 할머니, 라고 부르면 어김없이 밥 뭇나, 라고 하던 부름이 좋았다. 오늘 있었던 얘기를 재잘재잘 떠들면 무심한 목소리로 맞나, 라고 말하던 대답이 좋았다.

얼마나 더 많은 글을 써야만 이 소재로 쓰지 않을 수 있을까. 소설을 내면서 모든 걸 쏟아부었다고 생각했는데 자꾸만 고인 물이 생겨난다. 남은 그림자가 잇따라 다음 글까지 흘러 들어온다. 가족이란 무엇일까. 우리도 가족이 될 수 있지 않았을까. 흔히들 말하는 다복하고 화목한 가정의 일원이 될 수 있지 않았을까. 그럼 나는 어디 가

THE WINTER

서 늘 사랑만 받고 자란 사람이라고 당당하게 말할 수 있지 않았을까. 이런 마음을 책으로 읽으면서도 차마 상상조차 못 하는 사람이 될 수 있지 않았을까.

나를 이렇게 만들어 놓고 아빠는 내게 서른이 훌쩍 넘었으니 얼른 결혼하라고 했다. 엄마처럼 남자 잘못 만나서 인생 망치기 싫다고 말했다. 처음이었다. 역에 도착할 때까지 아빠는 아무 말 없이 운전했다. 나는 안다. '씨발'이라고 욕했을 아빠의 속을. 겉으론 침묵해야 하는 아빠의 남은 삶을. 우리를 대하는 사뭇 달라진 태도를. 내가 잘 도착했는지 궁금해서 걸어오는 이질적이고 다정한 전화를. 늦은 밤 그리움에 가득 차 남긴 그 역겨운 부재중을.

일기장으로는 해소되지 않는 외침이 있다. 이런 마음을 토해낼 수 있는 소운이란 이름이 있어서 얼마나 다행인지 모른다.

시골 여자, 강남 여자

 남 험담을 신나게 하고 온 날은 집에 돌아오는 길이 마냥 개운하지만은 않다. 왜 그런 말을 할까. 아직도 그런 개소리를 하는 사람이 있다니 욕먹어도 싸다 싶다가도 속에 가득 찬 미움을 덜어 내고 싶다. 험담의 재를 모아서 지하철 창밖으로 보이는 한강을 향해 있는 힘껏 던진다.
 오늘 만남이 내내 불쾌하기만 한 건 아니었다. 위로도 받았다. 이제 사람들이 '그런 말'에 화를 내기 때문이다. 이 많고 많은

THE WINTER

사람 중에서 홀로 서 있는 사람은 그 사람뿐이다. 시대가 변하고 있다. 이제는 화를 내는 내가 비주류가 아니라는 사실에 안도한다. 얼마나 다행인가.

어제와 오늘을 조금씩 모아 보면 지난달과 지금이 얼마나 달라졌는지 알 수 있다. 내 안에 깊게 자리한 본질적인 속성이 서서히 완성되어 가고 있음을. 물살은 여전히 그 순간과 다르지 않게 흘러가고 있지만 내 안에서는 지금까지 당연하게 여긴 것들에 대한 새로운 의문들과 다시 태어나는 데 필요한 배움에 대한 열망이 한없이 일렁인다.

그래서 저 쉰내 나는 소리를 더는 참아 줄 수 없다.

꿈이었나, 네가 피고 지던 그날

 공원 앞 편의점에서 택배를 접수하고 오는 길이었다. 며칠 전부터 공원으로 향하는 건널목을 건널 때마다 짓이겨 형체를 알아볼 수 없는 사체를 보면서 가슴을 쓸어내렸다. 내일이면 없어지겠거니 생각한 게 벌써 5일 전이었다. 사람들은 익숙한 듯이 그 부분을 피해서 걸었다.
 다산 콜센터에 전화를 걸어 고양이인지 새인지 모를 사체가 밟힐 대로 밟힌 채로 도로에 붙어 있다고 말했다. 기동반이 도착

THE WINTER

할 때까지 삼십 분을 기다렸다. 설명하지 못할 감정이 가득했다. 강아지와 나는 모든 작업이 끝날 때까지 옆에서 보고 있었다.

다시 태어나지 말라고 말하면서.

모든 마음을 접었었는데

 노란 꽃이 양옆에 한가득이다. 노란 호박전이 먹고 싶어졌다. 할머니가 만들어 주던 늙은 호박전. 이제는 먹을 수 없는 마음. 나는 왜 이리도 그리워할 게 많을까. 기억을 지우는 약은 언제 만들어지는 걸까. 가끔 다른 덴 멀쩡하고 기억만 지워지는 사고가 났으면 좋겠다.

 그러면 나는 메마르지 않은 사람이 되고, 살아 있는 사람을 그리워하는 마음이 무엇인지 모른 채 살아가겠지.

THE WINTER

아직은 슬프지 않다. 슬퍼서 울게 되기까지 얼마만큼의 시간이 필요한지 모르겠다.

덤덤한 마음을 상상해 본다.

나는 여전히 네 얼굴이 선명해

친구들과 사부작거리기 위해 동대문에 다녀왔다. 가게 주인에게 온종일 귀여운 물건들에 둘러싸여 있어서 행복해 보인다고 했더니 깔깔 웃었다. 웃고 있는 귀여운 산타 모형을 선물 받았다.

핫바 사 먹으러 1시간을 넘게 지하철을 타고 동대문역에 온 적 있다고 말하면서 걸어가고 있었다. 갑자기 뒤에서 따라오던 할아버지가 엄청나게 크고 호탕하게 웃으셨다. 잔잔하게 얘기하고 있다가 놀라서 뒤를

THE WINTER

돌아보면서 따라 웃었다. 멋진 양복에 부드러운 챙과 움푹 들어간 크라운이 있는 모자를 쓴 할아버지가 더 크게 외치셨다.

"예쁘다 예뻐!! 하하하하하하!"
"할아버지 왜 웃으세요? 하하하하하!"
"너희가 참 예쁘잖아! 하하하하하하!"

기분 좋은 바람, 따스한 햇볕, 귀여운 강아지와 고양이 그리고 친절한 사람들. 건널목을 건너려다가 초록 불을 기다리는 떠돌이 개를 봤다. 가방에서 물을 꺼내서 주었는데 먹지 않았다. 오늘 보낸 하루와 몹시 상반된 시무룩한 표정이었다. 사람들을 따라서 건너다가 우리가 다음 신호등 앞에서 멈추니 함께 멈췄다.

빛바랜 얼굴.

욕심 없던 발걸음.

가끔 비가 오면 물웅덩이 위로 그 얼굴이 떠다닌다.

새소리가 났었는데

 언젠가 네가 말했었지. 집에 가는 나를 골목 끝에서 사라질 때까지 바라봤는데 나는 한 번도 뒤돌아보지 않았다고. 그래. 나는 지나치던 사람이었는데.
 오늘 오랜만에 상담을 받았다. 말하느라 바빴다. 제가 다시 우울하다는 걸 받아들이지 못하고 있어요. 기댈 사람이 있나요? 물리적으로요? 아니요. 없어요. 코가 따가웠다. 이번엔 처음으로 관계의 끝을 스스로 결정하셨네요. 내적으로나 외적으로 발전이 이루어질 때 그래요. 그러니 칭찬해 주세요.

선생님, 저는 왜 아직도 그 친구가 미울까요?

서운한 건 기대하고 싶은 마음이에요. 내게 보고 싶지 않은 모습을 친구들에게 투영한다는 생각을 해 본 적 있나요? 그러다 보면 조금만 싫어해도 될 걸 배로 싫어하게 돼요. 그 마음을 들여다보세요.

저는 요즘 투명해요. 그래서 아무에게도 안 보여요. 글을 쓰고 있지 않아요. 쓰고 싶지 않아요. 사라지는 상상을 종종 하나요? 늘 해요.

요즘 떠올리는 기억이 있나요? 명절이었어요. 그날은 분명 즐거웠는데 우리는 울고 있었어요. 아미는 울산으로 가야 했거든요. 나와 엄마는 육교 아래에서 손을 흔들었고 숙모의 손을 잡고 계단을 올라가던 아미는 잇따라 뒤를 돌아봤어요. 나는 계단 끝까지 따라갔었는데 그 순간 살면서 처음으로 헤어진다는 게 무엇인지 알았어요. 같이 있고 싶은 기분. 보내고 싶지 않은 욕심. 뭐 그런 거요.

그 애는 알까요. 서글픈 마음이 들 때마다 나는 그날 밤을 떠올린다는 것을요. 그러면 눅눅한 마음이 사그라진다는 것을요.

… THE WINTER

숲에서는 아무도 숨지 않아

 민선이가 소살리토에 데려다주겠다고 했다. 아이스크림이 맛있으니 세 곳이나 가야 한다고. 내가 살던 곳에도 소살리토와 비슷한 동네가 있었는데 그곳은 내가 살아 있는 것도 잊을 만큼 참 고즈넉했다. 생전 마시지도 않던 커피를 한 모금 마시고 웃어버렸는데 그때 안젤라가 물었다.
 헤더, 무슨 생각해?
 나는 입술에 묻은 크림을 닦아내며 시간이 멈췄으면 좋겠다고 했다.

THE WINTER

기억에 대한 집착이 시들해졌다. 뭐든 무감각하다. 시를 자주 쓴다. 떨어진 시는 다시 주워 담아 다른 곳에 내면 되니까 아무렇지 않다.

옥수수

여행 중이었다. 시장에서 잔뜩 산 옥수수 다섯 개를 눈앞에 두고 열심히 먹고 있었다. 오늘만큼은 다 내 것이다. 낮잠 자고 일어나도 없어질 리 없다. 편히 옥수수를 먹다가 갑자기 한숨을 쉰다.

이거 다 언제 먹지. 나눠 먹으면 이렇게까지 배부르지 않을 텐데⋯.

순간적으로 십 년 뒤엔 옥수수를 먹지 못할지도 모른다는 생각이 들었다. 크게 한 입 베어 물고 오물거리다가 손으로 한 알씩

THE WINTER

떼서 나눠 주고 싶은 내 강아지가 없는 날이 오면, 나는 옥수수를 먹을 때마다 너를 생각하겠지. 일상이 가진 힘은 가끔 내가 감당할 수 없을 만큼 버겁다.

사랑하면 사랑할수록 오지도 않은 날이 무서워진다. 아무리 사랑해도 상처받지 않는 사랑도 있을까. 그게 가능한 사람이 되고 싶다.

두려움을 없애듯 남은 세 개를 억지로 다 먹었다.

이십 년 전 그 동네는 여전하고

 부산에서의 둘째 날이 밝았다. 끊임없이 다가오는 파도 앞 여름 경찰서와 아직은 성성한 낙엽을 지나 지하철을 탔다. 기억을 마주하는 연습을 하겠다고 다짐한 아침이었다.
 이십 년 전에 살았던 동네에서 내렸다. 강산이 두 번이나 변했는데도 파크랜드는 굳건히 이 동네를 지키고 있었다. 초등학교 앞 육교와 6년을 오르락내리락했던 언덕길이 보였다. 피카츄 모양 돈가스를 사 먹었

THE WINTER

던 분식집은 웬 실내장식 가게로 변해 있었다. 핫도그 살 돈을 모아서 물감을 샀던 문구점 자리에는 리본 가게가 생겼다. 나처럼 이 동네와 전혀 어울리지 않았다.

학교 뒤 아파트는 여전했다. 우리 집은 화장실 휴지를 3칸 이상 쓰면 이모에게 혼날 만큼 가난했었다. 나는 저곳에 사는 친구들을 부러워했다.

그냥 아파트인데.

이런 생각이 드는 걸 보니 지금의 나는 많은 걸 가지고 있나 보다.

운동장으로 들어서니 5학년 때 운동회 날이 생생하게 기억났다. 그날 처음으로 남자아이 손을 잡았었다. 무작위로 뽑은 종이에 적힌 사람과 손을 잡고 뛰어와야 하는 게임이었는데 눈앞에 부반장이 있었다.

학교를 벗어나 살던 집 근처로 가기 위해 육교를 건넜다. 어릴 때 이 계단을 올라가는 게 얼마나 싫었는지 모른다. 계단을 가득 덮고 있는 낙엽이 다사로웠다. 이 낙엽들은 매년 내 눈앞에 놓여 있었는데 그때의 내게는 낙엽 따위가 눈에 들어올 여유가 없었다. 언덕을 내려오니 다니던 피아노 학원이 나왔다. 색이 다 바랜 간판을 보니 문 닫은 지 오래돼 보였다. 콩쿠르에 나가서 금상도 받았었는데 지금은 피아노를 전혀 치지 못한다.

달고나 할아버지 자리와 풍년 쌀집을 지나서 매일 오르락내리락했던 계단 앞에 섰다. 참 가파르고 높은 계단이었는데 이렇게나 아담했다니. 어린 나는 이 계단을 무서워해서 항상 난간을 꽉 잡고 올라갔었다. 비누로 씻어도 지워지지 않는 손에 밴 쇳내가 무척이나 싫었다. 그 두려움은 아직도 남아서 계단을 내려올 때도 난간을 꽉 잡게 만든다.

THE WINTER

    빛바랜 가로등에 의지하며 묵혀 둔 기억을 하나둘씩 꺼냈다. 자전거를 배우던 골목. 네발자전거 연습하던 날들은 여전히 생생하다. 나는 아직도 자전거를 탈 줄 모른다. 정면에 슈퍼가 보였다. 지금은 운영하지 않는 건지 문은 닫혀 있었다. 동생이 돈 단위를 배우기 시작할 때 10원짜리 10개를 주며 이게 금색이라 더 좋은 거니까 네가 가진 500원이랑 바꾸자고 속였던 기억이 났다.

    예전에 살던 집의 왼쪽 골목은 늦잠을 잔 날에만 이용하던 길이었다. 바로 뒤에는 5학년 때 첫눈에 반한 근오 오빠가 살던 집이 있었다. 학교 텃밭에서 키운 꽃을 화분에 담아서 내밀며 좋아한다고 고백했던 기억이 난다. 내 고백을 듣고 도망간 오빠의 뒷모습도.

    가파른 골목을 내려오니 시장이 보였

다. 하나도 변한 게 없었다. 짜증이 날 만큼 그대로였다. 울고 싶었다.

숙소로 가는 버스를 타려고 했다가 예전에 다니던 학원 쪽으로 다시 걷기 시작했다. 걷다 보니 모퉁이에 있는 식당이 보였다. 보신탕을 팔았던 사철식당. 하루는 삼촌이 떠돌아다니는 진돗개를 데려왔었다. 해리포터 영화가 처음 나왔던 해라서 이름을 '해리'로 지었다.

어느 날 집에 왔더니 마당에 있어야 하는 해리가 없었다. 밥으로 장난치던 동생의 손을 물어서 할머니가 보신탕집에 10만 원에 팔아 버렸다고 했다. 엉엉 울면서 집에서 여기까지 뛰어왔던 기억이 난다. 도착했을 때 해리는 이미 죽은 후였다. 한동안 하교하고 매일 사철식당 앞에 앉아서 보신탕을 먹고 나오는 어른들을 흘겨봤다. 개 식용 금지법이 통과된 지금, 이 글을 쓰며 그

THE WINTER

때의 어른들을 떠올린다.

차도를 따라 걷다 보니 은하 목욕탕까지 왔다. 목욕이 끝나고 엄마에게 떼를 쓰는 내 얼굴이 보였다. 빙그레 바나나 우유가 비싸다고 절대 안 사 주었던 엄마. 아직도 바나나 우유만 보면 욕심이 생긴다. 좀 사 주지 그랬냐고 원망하다가도 그 바나나 우유를 못 사 줄 때의 마음도 있었겠구나 싶어서 입을 다문다. 700원의 그림자는 아직도 나를 따라다닌다.

바로 앞 사거리까지 걸었더니 학원이 보였다. 종합반에 다녔었는데 영어 선생님이 나를 엄청나게 예뻐해 주셨다. 선생님이 나만 편애한다고 학원을 그만둔 친구도 있었다. 그래서 영어를 제일 좋아했었다. 이 세상에서 엄마와 할머니 외에 나를 이렇게까지 사랑해 주는 사람이 있다는 게 꽤 위안이 되었었다. 미영 선생님, 저는 그 이후에 미국에 가서 공부했어요. 종종 선생님을 생각했어요.

변함이 없다는 게 이렇게 싫을 수 있구나. 묵은 마음을 털어놓으려고 간 거였는데. 차라리 재개발되어서 다 없어졌더라면 속이 편했을까. 내가 이 동네에 온 이유, 다음 목적지가 어디일지, 이 골목에서 누구를 만나 어떤 대화를 나누고 인사를 나눈 뒤 헤어졌는지, 옛집 앞에서 어떤 음악을 들었는지, 돌아오는 길에 어떤 책을 읽었는지, 시간이 멈춘 건물 앞에서 어떤 생각을 했는지 아무도 몰랐으면 했다.

커버린 건 나뿐이었다.

THE WINTER

필립

나는 서른 중반이 되었어. 이제 우리 사이에 덧없는 20년이 쌓였네. 오랜만에 깊숙이 넣어 둔 이야기를 해 볼까. 떠나기 전에 주었던 음성 메시지를 다시 들었어. 그때는 몰랐는데 오늘은 그 속에 숨겨진 너무 많은 생각과 말들이 보였어. 나는 그 당시에도 당신을 이해하려고 했구나. 뭘 안다고. 연신 미안하다고 말하는 네가 어떤 마음으로 그 말을 했는지도 이제야 어렴풋이 알 것 같아. 정말 다 정리하고 떠나려고 했었구나.

 그곳에서의 네 하루들이 외롭지 않았다면, 아주 바빴다면 좋았을까. 모든 안녕을 하고서 다시 돌아올 수밖에 없었던 네 스물다섯이 보였어. 너도 어렸는데. 너도 나만큼 어렸는데. 그 무거운 마음들을 끌어안고 어쩔 줄 몰라 했겠구나. 지나고 나면 아무것도 아닌데. 그깟 거 아무것도 아닌걸.

 서른의 중반에 서 있는 내가 스물여덟의 너를, 스물다섯의 너를, 열여덟의 너를… 외롭고 울적했던 너를 이해해 보려 해. 내가 받았던 그 마음 이렇게 돌려주나 봐. 나만 아는 이야기. 그리고 어쩌면 나처럼 계속 그 시절을 곱씹었을 당신도 알 만한 이야기.

 너는 내 생일마다 요조 노래를 들려주었었지. 소현아, 나 얼마 전에 수진 언니 만났어. 집에 돌아오는 길에 언니 만났다고 말해 주고 싶은 사람이 있었는데 도무지 생각이 안 났거든. 그게 바로 너였어. 이제는 흩어져 버린 너한테 속절없이 화가 나. 그럴 때마다 네가 내 앞에 있었는데 이제는 없잖아.

THE WINTER

차갑고 무심한 말들 앞에서 나만큼은

　친구들과 집에 가는 길에 오토바이에 치인 고양이를 봤다. 두 사람이 고양이 심장이 뛰는지 만져서 확인했고 오토바이에 앉아 있는 기사는 어디론가 전화하고 있었다.
　"어, 내가 고양이를 쳤어. 그래서 여기 멈춰 있는데. 아니, 애가 갑자기 튀어나왔어."
　동료 기사에게 큰 소리로 말했다. 고양이는 바로 숨을 거둔 듯 보였다. 두 사람이 차도에 놓여 있는 고양이를 두 손으로 들어서 인도 위에 눕혀 놓았다. 최초 신고자였다. 우리처럼 지나가던 사람. 기존에 있던 두 사람과 우리 세 사람이 나란히 서 있으니 지나가던 행인들이 기웃거렸다. 우선 신고 접수는 되었고 사체처리반은 1시간 이내에 도착할 거라고 했다. 최초 신고자들의 일행이 왔다. 그들은 우리에게 고양이를 부탁하며 자리를 떠났다. 기사도 가려다가 우리가 버티고 서 있으니 영 곤란했는지 옆에 와서 대뜸 말을 걸었다.

"내가 죽인 거 아닙니다. 고양이가 갑자기 튀어나왔어요."

기척 없이 튀어나왔다고 해서 고양이가 죽은 사실이 사라지는 걸까. 옆 슈퍼 사장이 나와서 한마디 거들었다.

"그래도 어디 깔려 죽지 않고 치여서 바로 죽은 게 다행이지. 쟤한테 좋은 거야."

누워 있는 고양이의 심장이 정말로 뛰지 않는지 한 번 더 만져봤다. 세찬 바람에 몸이 금세 차가워져 있었다. 잠깐이라도 무엇으로 덮어 주고 싶어서 슈퍼에 수건을 파는지 물었고 사장은 한 번 더 말했다.

"고양이 때문에 사려고? 말했잖아, 트럭에 안 깔리고 저렇게 죽은 게 호상이라니까."

저 사장이 길에 내던져 있는데 지나가던 내가 그래도 짓이겨 죽은 게 아니라서 다행이라고, 곱게 죽었다고 말하면 어떻게 될까.

사람과 고양이의 죽음은 다른 걸까. 생명이 죽었는데 잘 죽었단 말을 한다.

한 시간이 흘렀다. 최초 신고자도, 기사도, 지나가던 행인도 다 가고 나만 남았다. 저 고양이를 혼자 두고 싶지 않았다. 바람에 흔들리는 고양이의 털이 보였다. 저 멀리서 노란 불빛이 고개를 내밀었고 구청 직원들은 나를 향해 성큼성큼 걸어왔다. 큰 쓰레받기로 누워 있는 고양이를 담아서 검은 봉투에 넣었다. 고양이는 한 번에 얹어지지 않

THE WINTER

아서 여러 번 몸이 출렁거렸다. 기다리지 말걸. 이렇게 수거되는 걸 알았더라면…. 차라리 길 건너편 벤치에 앉아서 기다릴걸. 그랬다면 다리도 덜 아프고 큰 트럭에 가려져 세세한 과정은 보이지 않았을 텐데.

지하철에 타자마자 이정에게서 전화가 왔다. 이정은 집에 가고 있냐고 물었고 나는 방금 처리반이 데려가는 거 보고 집에 가고 있다고 대답했다. 이정도 고등학생 때 교문 앞에서 죽은 고양이를 발견해서 보내 준 적이 있다고 했다.

"차라리 잘된 걸까요? 남은 추위를 버티는 날보다 눈 감는 게 나은 걸까요?"

"뭐가 더 나은 건 없어요. 그냥 일어난 일이죠."

그 말에 크게 위로를 받았음에도 내가 할 수 있는 건 전화해 줘서 고맙다는 말이 전부였다.

아무것도 안 하면서

　

마지막 사랑인 줄 알았던 남자가 그랬다. 정치에 대한 내 관심이 과열되었다고.

그러면서 자신은 중립이란다.

나 같은 사람들이 지켜 낸 세상에서 숨 쉬고 있으면서 웃기네, 라고 말했더니 그의 얼굴이 국그릇에 담긴 서덜탕처럼 붉어졌다.

오늘 네가 버린 투표권을 얻기 위해서 얼마나 많은 사람들이 죽었는지 아니? 등신 같은 게.

THE WINTER

갖고 싶었던 행복을 그곳에

공항철도를 타고 서울역 방면으로 가다 보면 방화대교가 보인다. 잘 정돈된 공원에서 조금만 더 지나면 창밖으로 굴착기들이 잔뜩 모여 있다. 그 어질러진 풍경이 참 이질적으로 다가온다. 미처 치우지 못한 부분을 본 것처럼. 완결을 내고 나서부터 헛헛한 마음이 든다. 어떤 세계와 영원히 안녕한 기분. 하루 이틀도 아닌데…. 이번이 마지막이라고 생각해서 그런 걸까.

나는 드라마를 볼 때도, 소설을 쓸 때도

THE WINTER

그 주인공들이 어디선가 계속 살고 있을 거란 착각을 하면서 끝을 맺는다. 결말을 올리고도 적당한 시간이 흘렀는데도 그들은 내 일상에서 자꾸 튀어나온다. 코 앞에서 어떤 행복을 봤을 때 그 이후의 이야기를 쓰고 싶어진다. 그 세상에 충분한 행복을 주었음에도.

소멸 앞에서

　남들은 쉽게 말하던 일. 시간이 다 해결해 준다던 그런 일. 얄밉게도 내게는 그저 그런 일이 아니었다. 그만 살고 싶었다.
　흐릿한 어느 여름날이었고 나는 산산조각 난 많은 것을 억지로 붙잡으려 했다.
　그때는 주저앉은 나만 보였는데 오랜 시간이 지나고 나서야 그 옆에 있던 엄마가 보였다. 나는 보름 만에 집에 왔다. 집에 왔을 때 제일 먼저 보였던 건 깨끗한 벽지였다. 남아 있는 스티커 자국과 옷장 맨 위에

THE WINTER

고스란히 놓여 있는 여러 사진. 여름에는 더운 열기 탓에 내 방 입구조차 쳐다보지도 않던 강아지는 이상하게도 단 한 순간도 내 다리 옆에서 떨어지질 않았다.

일주일 동안 아무것도 먹지 않았다. 음식을 먹는다는 게, 배가 고프다는 게 역겨웠다. 옷장 위에 사진을 숨기던 엄마는 어떤 심정이었을까. 가끔 작은 전등만 켜고 누워 있는 날에는 그날의 엄마를 떠올린다…. 벽에 붙어 있는 사진들을 떼던 엄마를.

너는 사랑이었나

　집 근처에 스타벅스가 두 개나 생겼다. 유명했던 대안학교의 폐교가 결정되고 허허벌판이던 동네에 대기업과 대학병원이 들어섰다. 시간이 얼마나 흐른 걸까. 나만 두고 모든 것이 변하고 있다.

　나는 요즘 죽은 과거 속에 산다. 글을 쓰다 보면 진작에 흘려보낸 관계까지 파헤치게 된다. 애써 잊고 살았던 감정들이 되살아나고 이미 사라지고 없는 사람들에게 배신감을 느낀다.

THE WINTER

배신감. 나는 걔가 괘씸했다.

우리는 수없이 재회했다. 어릴 때부터 함께였으니 나만큼은 이해해 줘야 한다고 생각했다. 돌이켜보면 그 애는 언제든 다른 존재를 이유로 내게 등을 돌렸다. 내게는 단 한 번의 실수도 용납되지 않았지만 그 남자들에게는 무수한 기회가 주어졌다. 그 남자들은 아무리 개차반으로 굴어도 나보다 먼저였다. 남들은 진작에 다 떠난 도박판이었다. 다른 사람들은 다 아는 그 사실을 그 애의 뺨을 때리고 돌아서는 성수 한복판에서 깨달았다. 내 우정은 이길 확률 없는 패였고 평생 보듬은 우정은 아무짝에도 쓸모가 없었다. 지금 사랑하는 남자가 나보다 우선인 걸 알면서도 지독하게 외면한 결과였다.

내 한마디로 우리는 끝났다. 내 손으로 맺은 지저분한 끝을 후회했다. 이렇게 해야만 괴로운 순환을 끊을 수 있을 것 같았다. 무슨 일이 있더라도 꺾이지 않을 내 모든 다짐을 수포로 돌아가게 만든 그 맹목적인 충성에 배신감을 느꼈다. 그 애의 '남자에 미친 사랑'이 미웠다. 이 모든 미움을 가지고도 나는 오랫동안 사랑을 접지 못했다.

그 애는 한동안 끊임없이 꿈에 나왔다. 계속해서 잘못했다며 빌고 또 빌었다. 꿈에서 깨고 싶지 않았다. 나는 끝내 하지 못했던 말을 꿈속에서 모두 쏟아 냈다.

'가고 싶은 대학에 붙었는데 등록금조차 없어서 주저앉았을 때 새벽 일을 해서라도 그 대학 보내 주겠다고 했던 사람이 누구였어?

더는 살고 싶지 않다고 모든 약을 다 삼킨 채 죽겠다고 울었을 때 신발 한 짝 신고 성산대교로 달려갔던 사람이 누구였어?'

다음 날에는 꿈을 한 번 더 꾸면 속이

후련해질 것 같아서 하루 종일 그 애가 내게 사과하는 상상을 했다. 며칠 뒤 그 애가 내 꿈에 나와 무릎을 꿇고 울었다. 속이 시원하면서도 슬펐다.

나는 가끔 그 꿈속에서 웅크린 채 운다.

덜 사랑하는 게 아닌데

 씻고 나오니 이불이 시커멓다. 작은 발바닥을 자세히 보니 찐득한 시멘트가 빈틈없이 붙어 있었다. 겁이 나서 바로 병원으로 달려갔다. 아세톤으로 녹이고 발바닥 털을 바짝 깎느라 5만 원이 들었다. 며칠 전에 미용하다가 상처 난 곳을 소독해 줄 수 있냐고 물었다. 의사가 한참 보더니 오래 걸리고 감염 위험이 있지만 연고를 발라 주는 것과, 바로 마취해서 대여섯 바늘 꿰매는 방법이 있다고 했다. 고민해 보겠다고 했더니 지금 당장 수술을 하자고 했다.

"상처가 심해질 수 있는데 정말 바로 수술 안 하시게요?"

시멘트 덩어리 하나 떼러 왔다가 40만 원짜리 수술을 하게 생겼다. 집에 가서 가족들과 상의하고 오겠다고 했더니 의사는 오늘 항생제 주사라도 맞는 게 좋겠다고 했다. 나는 단숨에 주사 비용은 얼마냐고 물었다.

그 순간 이런 못난 사랑이 미안하고 미안해서 눈물이 났다. 내가 결제를 망설이는 만큼 강아지를 사랑하지 않는 게 아닌데….

온 정성을 다해서 애지중지 키우고 있는데, 그 어떤 수식어로도 모자랄 만큼 사랑하는데, 돈 앞에서 작아지는 내 사랑이 죄스러웠다. 눈물이 쏴르르 쏟아졌다.

의사가 만 원짜리 목에 바르는 연고를 서비스로 주겠다고 하면서 진정될 때까지 진료실에 있다가 나와도 된다고 했다. 뚜두둑 떨어지는 굵은 눈물은 조용할 줄 모르고 수시로 눈치 없이 고개를 내밀었다. 값을 지불하면서, 마실 물을 따르면서, 잘 익은 오이소박이를 먹으면서 저녁까지 울었다.

THE WINTER

남아 있는 타인의 취향을 지우는 일

 사라진 사람과 관련된 사진을 지울 때는 살을 도려내는 듯한 아픔이 수반된다. 그렇게 덮어 놓고 오래도록 모른 척했다. 우연히 뜬 추천 사진에는 네가 환하게 웃고 있다. 나는 우리의 마지막을 만져 본다. 천장이 넘는 사진이 휴지통에 가득 찼다. 마음 한구석까지 비워 내고 싶어서 손에 잡히지 않는 사진을 찢고 또 찢었다. 실눈을 뜨니 저 멀리 네가 울면서 걸어간다.
 웃고 있는 과거의 나를 마주하는 일이

THE WINTER

쉬웠으면 좋겠다. 다신 행복한 사진을 남기지 않을 것이다.

    사랑과 증오는 종이 한 장 차이다. 얇게 얹힌 색을 젖은 종이 위에 계속 덧칠하다 보면 멈추어야 할 때가 온다. 처음엔 선명하고 아름답게 칠해지지만 물기를 가득 삼킨 물감은 점점 색이 번지고 결국엔 종이가 찢어지고 만다. 이제는 네가 좋아하던 내 표정조차도 견딜 수가 없다.

목이 메는 밤에는 오래된 일기를 본다

어제는 공허함을 다리 사이에 끼우고 잤다. 곪은 한숨이 차츰 내 목에 안겨 들어 단단한 두 팔을 감쌌다. 준비해 준 내면을 휘젓는 시간은 무서워서 시도하지도 못했다. 아직 하루 이상은 안 되는 걸까. 혼자 할 수 있는 일들은 많아도 밤에 혼자 있는 건 아직은 역부족이다. 이렇게 무던히 노력하며 살아도 여전히 안 되는 걸까. 사색에 잠길 때면 피클 병을 집어 던지던 은호가 떠오른다. 단단히 잠겨 있는 피클 병 앞에서 무너진 은호.

내일 엄마가 여행에서 돌아온다. 아니 열두 시가 넘었으니까 오늘이다. 오늘 밤은 잔잔한 음악도 들을 수 있다. 어제는 침대 위에 올라와 준 강아지가 거실로 가 버릴까 봐 이불도 덮지 못한 채로 잤다. 짙어지는 빈자리만큼 감기가 더 심해졌다.

솜이도, 엄마도 영영 돌아오지 않는 날이 오면 그 밤을 어떻게 견뎌야 할까. 이따금 최악의 상황을 상상하고 그에 대한 대비책을 세우는 게 습관이 되었다. 또다시 상실을 마주했을 때 그때만큼 아파지고 싶지 않다. 자꾸만 미래에 집착하게 된다.

두려워하는 것도 사랑이라면 나는 언제쯤 덜 망설일 수 있을까. 살아감에 상실을 겁내지 않는 덤덤한 사람이 되고 싶다.

나는 또 말없이 은호와 동진이를 본다.

조용한 위로는 날 눈감게 하고

그릇을 씻을 때마다 소낙비가 대차게 내리던 여름이 떠오른다. 지혜가 새로 살게 된 동네를 보여 주겠다고 했던 저녁이었다. 우리는 큰 창이 나 있는 식당에 나란히 앉았다. 그동안 있었던 일을 얘기하면서 입안 가득 민어회를 머금고 한참을 울었다. 나를 빤히 바라보는 바다 위에 서 있는 기분이었다. 아무도 내 울음을 듣지 못하게 온 빗방울이 고함을 지르며 땅으로 떨어지고 있었다. 사정없이 내리꽂는 직선의 물줄기 앞에서 나는 자꾸 원망하고 싶었다.

지난여름엔 그래도 아빠니까 용서하라고 하더니 오늘은 그렇게 말하지 않았다. 나는 창문 너머로 쌩쌩 지나가는 차를 보면서 아빠가 지나가는 저 차에 치여서 죽어버렸으면 좋겠다고 말했고 그는 아무 말 없이 보기 좋게 살이 오른 마지막 회 한 점을 내 앞 그릇에 가지런히 놔 주었다. 나는 수저를 놓았던 휴지로 눈물을 닦았고 그는 제발 한 입이라도 먹고 나서 얘기하자고 으름장을 놓았다.

사랑이 실실했던 그 밤에.

마음의 한적함 속에서 헤엄치기

 일기를 쓸 만한 일이 바게트에 입천장이 까인 게 전부다. 그렇게 단단해지길 원했음에도, 이 단조로운 일상에 오히려 싫증이 난다. 요즘은 어떤 일에도 조바심 나지 않는 사람이 되었다. 원래대로 덤덤해졌는데도 예전처럼 터무니없이 불안했던 때가 그리워진다. 그 불안과 불편함이 마치 자르지 않은 손톱처럼 남아 있다.
 침착한 일상을 그토록 바랐는데, 막상 그 안에 들어오니 모든 글감이 사그라들었다. 혼란 속에서 반짝였던 순간들을 떠올린다. 오랫동안 빛이 들지 않은 방에 있으면 한기가 신선하게 느껴지듯이 지독히 벗어나고 싶었던 회오리 속에서 나는 제일 아름다웠다고 착각한다. 그 흔들리고 불편한 감정이 청춘의 상징처럼 느껴지고, 초연하지 않은 사람이 되어야 더 좋은 글을 쓸 수 있을 것만 같다. 수심이 갈수록 깊어지는데도 물 밖으로 나올 생각을 하지 않는다.

어쩌면 지금 필요한 건 질서 없는 모순을 다시 찾는 것이 아니라 현재 차분함 속에서 새로운 불꽃을 피우는 건지도 모른다. 평온함 속에서도 글을 쓰는 법을 배우는 것. 이 과정은 새로운 성장의 한 형태일지도 모른다. 조용한 일상에서도 창의력을 찾을 힘을 기르는 게 진정한 단단함이 아닐까. 혼란 속에서 빛났던 나 자신을 그리워하면서도, 이제는 그 불안 없이도 빛나는 법을 배워야 할 것이다. 글쓰기란 그런 여정의 한 부분일지도.

THE WINTER

꿋꿋하고 꼿꼿하게

 행동해야 할 때 고민하지 않고 바로 나서는 편이다. 그래서 남들보다 좋은 일도 슬픈 일도 서운한 일도 많이 품고 살아간다. 그렇게 망설이지 않은 순간들을 모으면 책이 된다.

 가끔은 왜 그렇게까지 하냐는 말을 많이 듣는다. 왜 그렇게 뚜렷하냐고, 조금은 굽히고 살 수 없냐고 한다. 나는 믿는다. 선함을 유지하기 위해서는 물살을 거슬러야 한다는 것을. 그런 세상이 되었으면 한다.

THE WINTER

책을 떠나보내며

싱그러운 슬픔 안에서

 가끔 지구가 멸망해 버렸으면 좋겠다고 바라면서도 오늘 하루를 무사히 보낸 것에 안심했다. 예고 없는 슬픔이 다가올 때면 슬그머니 고개를 돌린 적도 있다. 그 끊긴 흐름 속에서 잠깐 나를 지킬 수 있었다. 모든 숙제를 단숨에 삼켜야 하는 밤이면 다듬은 사랑을 매만졌다. 다 부질없다고 느껴지는 허상. 따뜻한 숨. 놓지 않는 눈동자…. 그런 것들을 세다 보니 마음 한쪽에 반딧불이가 날아다녔다.
 사랑은 오묘하다. 마음을 다 쏟아도

책을 떠나보내며

잡히지 않는 손목이 있고 문장 몇 개만 나눠도 피어나는 눈빛이 있다. 스치는 모든 것은 오래 남을 듯하다가 소리 없이 사라진다. 나는 흩어진 마음을 빠짐없이 붙잡으려 애썼다.

    밤마다 오늘 모은 사랑을 하나씩 헤아렸다. 한 손으로 모자란 날에는 혹여나 새어 나갈까 주먹을 꽉 쥐었다. 작은 불빛을 끌어안고 오늘이 희미해도 좋다고 생각했다. 채도가 낮은 하루라도 더하고 더하다 보면 선명해지고 그런 순간들은 겹겹이 쌓여 내게 영원한 상실은 없다고 속삭인다. 그러면 나는 책 안에서 마음껏 무너진다. 슬픔이 바닥날 때까지.

책을 떠나보내며

강아지, 날씨, 가족, 자연…. 삶 전반에서 여러 사랑을 찾으며 살았습니다. 나를 감싸는 사랑뿐만 아니라 내 안에 있는 슬픔도 함께요.

이 트리는 찬란하고 빛나는 슬픔을 품고 있는 저와 닮았어요. 연말이 되면 마음이 벅차오르잖아요. 지난 시간을 되돌아보며, 아무리 비워 내도 차오르는 슬픔을 가득 안고도 마음이 벅찬 사람이 될 수 있다는 사실에 큰 위로를 받았습니다. 어쩔 수 없이 내일을 마주하는 게 아닌 것만으로도 특별한 사람이 된 것 같아요.

내게 다가오는 이 감정들을 밀어내지 않고 그대로 끌어안고 살고 싶어요.

연남동에서 너는 많이 울었고 나는 조용했지. 네 일기를 훔쳐보는 것 같아서 그 짧은 글도 진도가 잘 안 나가다가… 책 속에서 한참 걸었어. 너무 아는 얘기, 진하게 공감하고, 그러다 결국 눈물이 났어. 한두 번은 웃기도 하고.
잘 썼어.
잘했어.
지금까지 충분히 잘 살아왔다고 칭찬만 해 주고 싶어. 편히 꿈꾸는 사람이 되었으면 해. 아무것도 신경 쓰지 말고 마음대로 행복하기를 바라며….

수연

싱그러운 슬픔 안에서

초판 1쇄 발행 2024년 10월 19일

글	소운
편집	소운
교정	신희정
그림	@illustrator_r.u.h.a

펴낸곳	여름섬
ISBN	979-11-989429-0-6

전자우편	esowun@daum.net
instagram	@esowun

ⓒ 소운, 2024
이 책은 저작권법에 의하여 한국 내에서 보호를 받는 저작물이므로 무단 전재와 복제를 금합니다. 이 책 내용의 전부 또는 일부를 이용하려면 저작권자와 펴낸곳의 동의를 얻어야 합니다.

안녕하세요, 이 책을 발견해 주셔서 고맙습니다. 읽어주신 마음 잊지 않을게요.

싱그러운 슬픔 안에서